北大版留学生本科汉语教材·文化教程系列

中国概况教程

肖 立 编著

北京大学出版社
PEKING UNIVERSITY PRESS

图书在版编目(CIP)数据

中国概况教程/肖立编著. —北京:北京大学出版社,2009.4
(北大版留学生本科汉语教材·文化教程系列)
ISBN 978-7-301-15059-7

Ⅰ. 中…　Ⅱ. 肖…　Ⅲ. 中国—概况—对外汉语教学—教材　Ⅳ. H195.4

中国版本图书馆 CIP 数据核字(2009)第 043962 号

书　　　名：	中国概况教程
著作责任者：	肖立　编著
责 任 编 辑：	张弘泓
标 准 书 号：	ISBN 978-7-301-15059-7/H·2234
出 版 发 行：	北京大学出版社
地　　　址：	北京市海淀区成府路 205 号　100871
网　　　址：	http://www.pup.cn
电 子 邮 箱：	zpup@pup.pku.edu.cn
电　　　话：	邮购部 62752015　发行部 62750672　编辑部 62753334　出版部 62754962
印　刷　者：	河北滦县鑫华书刊印刷厂
经　销　者：	新华书店
	787 毫米×1092 毫米　16 开本　12.25 印张　260 千字
	2009 年 4 月第 1 版　2019 年 6 月第 7 次印刷
定　　　价：	38.00 元

未经许可,不得以任何方式复制或抄袭本书之部分或全部内容。
版权所有,侵权必究　举报电话:010—62752024
　　　　　　　　　　电子邮箱:fd@pup.pku.edu.cn

前　言

　　本书是对外汉语本科教学的专用教材，也可以作为进修和自学参考。

　　本书使用留学生易于接受的简练的语言，介绍中国文化当中的重要部分——制度文化，比如中国的政治制度、外交政策、金融法规和文化体制，帮助留学生全面、系统地了解中国的管理方式和文化特点。

　　本书尝试摆脱以往同类书籍"厚古薄今"，偏重于古代历史文化的特点，对当代中国的各个方面，进行了全面介绍。为此，在文字资料和篇章结构方面，作了一些新的尝试。全书基本选择使用了21世纪面世的公开资料，力争反映日新月异的中国的最新面貌。在面对一些发展变化比较迅速的专题的时候，比如中国的金融业，本书开辟了专门的章节，予以充分介绍。

　　全书分："中国的自然和人文条件"、"中国政治"、"中国经济"和"中国社会"四个部分，共20课。每个部分的内容相对独立，又互相关联。这种内容安排和结构方式，适合编制教学、进修计划（例如，每个学期学习两个部分），也适合学生对课程作阶段性的总结和讨论。

　　全书文字内容，依据《高等学校外国留学生汉语言专业教学大纲》（北京语言文化大学出版社2002年）的生词表和语法项目部分，作了难度和篇幅控制，从而清晰而精练。

　　从十年以前编写《中国国情》教材至今，全书的各个专题和大部分内容，已经在全国各地的教学实践中，得到反复锤炼和检验，获得执教同行的一致肯定。事实证明，这门课程和这些教学内容，正是今天留学中国的外国人最需要了解的部分。

　　我诚恳希望这本书，能够帮助我们培养出更多的"中国通"，为传播中国文化和增进各种文化之间的交流和理解，作出自己的贡献。

　　北京语言大学汉语学院对"中国国情"课程建设和本书的写作，提供了有力的支持。北京大学出版社沈浦娜和张弘泓老师为本书的成熟和出版，付出了大量心血。

　　我个人对书中出现的一切不当和错误承担全部责任。

肖　立
2008年8月8日

目　录

第一单元　中国的自然和人文条件

第一章　中国的国土与资源 ··· 3
　第一节　地理 ··· 3
　第二节　气候 ··· 8
　第三节　资源 ··· 9
　第四节　国土的划分和管理 ··· 10

第二章　古代历史 ··· 13
　第一节　原始社会 ··· 13
　第二节　奴隶社会 ··· 14
　第三节　封建社会 ··· 15

第三章　中国的人口 ··· 22
　第一节　中国人口演变 ··· 22
　第二节　人口结构和分布 ··· 25
　第三节　计划生育 ··· 28

第四章　中国的民族 ··· 31
　第一节　统一的多民族国家 ··· 31
　第二节　民族平等和民族区域自治 ··································· 36
　第三节　少数民族的经济和社会发展 ································· 37
　第四节　各民族的文化 ··· 39

第一单元练习 ··· 42

第二单元　中国政治

第五章　中国的政治制度 …… 47
　第一节　中国政治制度的构成和演变 …… 47
　第二节　人民代表大会制度 …… 49
　第三节　中国的司法制度 …… 51

第六章　中国共产党领导的多党合作与政治协商制度 …… 54
　第一节　中国共产党发展历程 …… 54
　第二节　中国共产党的组织机构 …… 57
　第三节　多党合作与政治协商制度 …… 58

第七章　中华人民共和国主席和政府机构 …… 62
　第一节　中华人民共和国主席 …… 62
　第二节　中央、地方人民政府和行政监察机关 …… 63

第八章　中国的国防事业 …… 66
　第一节　中国武装力量 …… 66
　第二节　中国人民解放军军史 …… 68
　第三节　中国军事制度 …… 72
　第四节　军事领导机关 …… 73

第九章　中国的外交 …… 76
　第一节　中国的外交政策 …… 76
　第二节　外交历程与成就 …… 77
　第三节　中国与联合国 …… 87
　第四节　政府外交机构 …… 89

第二单元练习 …… 91

第三单元 中国经济

第十章 中国经济概述 · · · · · · 97
第一节 计划经济时期 · · · · · · 97
第二节 改革开放 · · · · · · 99

第十一章 农业 · · · · · · 103
第一节 中国农业的成就 · · · · · · 103
第二节 农业发展所面对的困难 · · · · · · 104
第三节 政府已经采取的改良措施 · · · · · · 106
第四节 中国农业发展战略 · · · · · · 107

第十二章 工业 · · · · · · 109
第一节 中国工业的水平 · · · · · · 109
第二节 中国工业发展的有利和不利条件 · · · · · · 111
第三节 中国工业发展趋势 · · · · · · 114

第十三章 第三产业的发展 · · · · · · 117
第一节 第三产业的概念和地位 · · · · · · 117
第二节 中国第三产业的发展成就 · · · · · · 119
第三节 第三产业存在的问题 · · · · · · 123
第四节 第三产业的发展方向 · · · · · · 126

第十四章 中国的金融和保险业 · · · · · · 128
第一节 中国金融体系 · · · · · · 128
第二节 银行信贷与金融市场 · · · · · · 130
第三节 人民币与外汇管理 · · · · · · 131
第四节 保险业 · · · · · · 132

第三单元练习 · · · · · · 133

第四单元　中国社会

第十五章　中国的环境状况和环境保护 …… 139
- 第一节　中国的环保政策和体制 …… 139
- 第二节　环境状况与治理 …… 140
- 第三节　环保科技与公众参与 …… 143
- 第四节　环保领域的国际合作 …… 144

第十六章　人民生活 …… 145
- 第一节　改革开放以来的人民生活 …… 145
- 第二节　未来中国人民生活——全面小康社会 …… 151

第十七章　教　育 …… 154
- 第一节　古代和近代教育 …… 154
- 第二节　当代教育 …… 156
- 第三节　中国教育的基本制度 …… 157
- 第四节　未来教育发展 …… 158

第十八章　中国的科学技术 …… 160
- 第一节　中国科技发展历程 …… 160
- 第二节　科学技术研究体系 …… 162
- 第三节　主要科技成就 …… 163
- 第四节　科技规划 …… 166

第十九章　中国的文化事业建设 …… 169
- 第一节　中国的文化传统和现状 …… 169
- 第二节　文化体制建设和改革 …… 175

第二十章　中国的新闻出版事业 …… 178
- 第一节　新闻事业 …… 178
- 第二节　出版事业 …… 182

第四单元练习 …… 184

第一单元

中国的自然和人文条件

第一章

中国的国土与资源

> **提要** 中国陆地面积960万平方公里,居世界第三位。国土面积广大,既有海洋也有陆地,地势西高东低,有很多高山和江河,以大陆性季风气候为主。中国资源的总量虽丰富,而人均数量却很低。全国划分为省、县、乡(镇)三级行政区划,现有省级区划32个,特别行政区2个。

第一节

地 理

一、中国的位置和面积

中国位于亚洲的东部,太平洋的西岸。

中国陆地面积960万平方公里,接近整个欧洲的大小。是亚洲第一位,世界第三位(第一和第二位是俄罗斯和加拿大,美国936万平方公里,是第四位)。

中国南北相距大约5500公里,东西相距5200公里。如果我们坐飞机,从最东边到最西边,或者从最南边到最北边旅行,至少需要飞行六个小时。

中国的土地,大部分在温带,小部分在热带,没有寒带。

中国的土地,根据世界时区的划分,包括东5区、东6区、东7区、东8区和东9区五个时区。为了方便,目前中国各地使用东8区的时间,也就是"北京时间"。

中国的陆地边界长约2.28万公里,与14个国家的国土相连,它们分别是:朝鲜、俄罗斯、蒙古、哈萨克斯坦、吉尔吉斯斯坦、塔吉克斯坦、阿富汗、巴基斯坦、印度、尼泊尔、不丹、缅甸、老挝、越南。与中国隔海相望的国家有:韩国、日本、菲律宾、马来西亚、文莱和印度尼西亚。

中国全图

二、海洋与岛屿

中国和英国、日本这样四面被海洋包围的岛国不同,也和蒙古、哈萨克斯坦这样只有陆地的国家不同。中国既有陆地,又有宽广的海洋。

中国的海洋,从北到南,分别是:渤(bó)海、黄海、东海和南海,总面积大约470万平方公里。

其中,渤海是中国的内海。面积7.7万平方公里。

黄海与渤海相连。面积38万平方公里。

东海北起长江北岸至济州岛方向一线,南至广东省东部的南澳到台湾省本岛南端一线,东至冲绳海槽(以冲绳海槽与日本领海分界),正东至台湾岛东岸外12海里一线,面积77万平方公里。

南海的海底是一个巨大的海盆,海盆中的山岭露出海面就是中国的东沙、西沙、中沙、南沙群岛,这些海底山岭是中国大陆架的自然延伸。南海总面积350万平方公里。

中国的海岸线总长1.8万公里,沿岸有许多优良港湾。

中国有大小海岛7600个,总面积超过8万平方公里。其中,最大的岛屿是台湾岛,面积大约3.6万平方公里。第二大岛为海南岛,面积超过3.3万平方公里。

三、地势与地形

中国地势的主要特点是西高东低,从西到东就像从高到低的三级台阶。

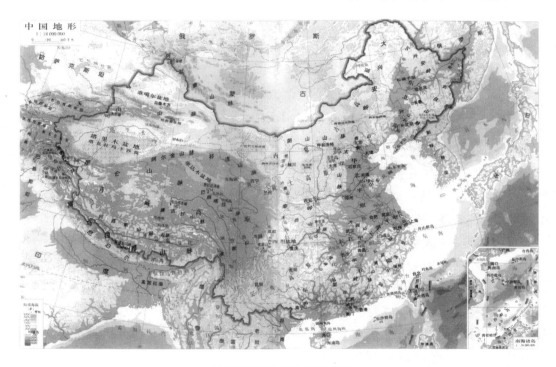

中国地势阶梯状分布示意图

第一级:中国西南部的青藏高原是地势最高的部分,平均海拔超过4000米,既是中国也是全世界地势最高的地区。青藏高原南部的珠穆朗玛峰高达8844.43米,是中国第一高峰,也是世界最高峰。

第二级:在青藏高原东面和北面,是宽广的高原和巨大的盆地,平均海拔下降到2000米至1000米。

第三级:中国东部,大部分是丘陵和平原,海拔一般在500米以下。

中国陆地的部分继续向海洋延伸,形成了浅海大陆架,这是大陆向海洋自然延伸的部分,一般深度不大,比较较缓,海洋资源丰富。中国的大陆架比较广阔,包括渤海和黄海的全部、东海的大部,以及南海的一部分。目前,开发海洋资源,尤其是石油资源主要是在大陆架上进行的。

中国地势西高东低,向海洋倾斜,一方面有利于海洋上的湿润气流深入内地,形成降水;另一方面,使中国的大河自西向东流动,沟通了东部和西部的交通,方便了沿海和内地的经济联系。

中国地形的突出特点是,山地多,平地少。

中国各种地形所占的比例是:山地33%,高原26%,盆地19%,平原12%,丘陵10%。其中,起伏不平的山地、丘陵、高原加在一起,约633.7万平方公里,占全国总面积的三分之二,平地面积约326.3万平方公里,只占全国总面积的三分之一。

这种地形特点使中国在发展林业、牧业、旅游业、采矿业方面,往往具有优势,而发展农业的条件不够理想,主要困难是耕地不足。

四、河流与湖泊

中国有许多源远流长的大江大河。受西高东低的地势影响,这些河流大部分自西向东流,最后进入太平洋。只在西南有几条河流向南流入印度洋;在新疆北部有一条河流向北流入北冰洋。

中国的主要河流,多数发源于青藏高原,水流落差很大,因此,中国的水力发电资源非常丰富,蕴藏发电量6.8亿千瓦,居世界第一位。

中国的第一大河是长江,全长6300公里,居亚洲第一位,世界第三位。它发源于青藏高原的唐古拉山,流经十一个省、自治区和直辖市,最后注入东海。长江流域面积180万平方公里,接近中国国土面积的五分之一;每年入海水量约1万亿立方米,占全国河流总入海水量的三分之一以上。可以说,长江是中国长度最长,流域面积最广和水量最大的河流。长江的水力发电资源蕴藏量占全国的三分之一,其中可以开发利用的水力发电资源占全国的一半。为了开发利用长江的水力发电资源和航运条件,中国在长江上建起了许多座水利枢纽工程。其中最大的是长江上游和中游之间的三峡工程,工程工期18年(1992—2009年),全部建成以后,三峡大坝全长2309米,将成为全世界最大的水利枢纽工程。此外,长江干流、支流通航里程达7万多公里,占全国内河通航总里程的三分之二,长江因此被称为"黄金水道"。由于这些优越的条件,长江流域特别是长江中下游地区,从古到今,都是中国经济非常发达的地区。

黄河是中国的第二长河,全长5464公里。发源于青海省,流经九个省、自治区,最后进入渤海。黄河中游是黄土高原地区,遇到暴雨的时候,大量的泥沙与雨水一起,汇入黄河,使黄河成为黄色的、世界含沙量最大的河流。

位于中国最北部的黑龙江,是中国的第三大河,全长4370公里,是中国与俄罗斯的界河。流域内的重要城市有哈尔滨。

中国的第四条大河是珠江,它水量很大,仅次于长江。流域内的重要城市有广州。

中国除天然河流外,还有许多人工开凿的运河,其中有世界上开凿最早、最长的京杭运河。京杭运河的起点是北京,终点是杭州,全长1801公里,已经有两千多年的历史,和长城一样,是伟大的工程。京杭运河对沟通中国南北交通发挥过重大的作用。但是,过去由于维护不足,许多河段已断航。今天,江苏、浙江两省境内的河段,仍然是重要的水上运输线。

长　江

中国湖泊众多,共有大小湖泊24800多个,总面积超过7万平方公里。主要有两大湖泊分布区。一个是青藏高原湖区,全区湖泊面积占中国湖泊总面积的一半,大多数是咸水湖,区内的青海湖是中国最大的湖泊。其二为东部平原湖区,是中国淡水湖最为集中的地区。

新疆天池

气　候

　　中国的气候有两个重要特征,一是大陆性季风气候显著,二是气候类型复杂多样。

　　中国背靠世界上最大的陆地——欧亚大陆,面向世界上最大的海洋——太平洋,是世界著名的季风气候区。主要的表现是春、夏、秋、冬四季分明,大多数地方冬季寒冷干燥,夏季暖热多雨。

　　冬季,中国是世界同纬度上最冷的地方,黑龙江省的最北部,曾出现过零下52.3度的低温;夏季,中国大部分地区又是世界上最暖热的地方(除沙漠地区以外),新疆吐鲁番的最高温度曾经达到49.6度。中国大部分地区一年中最高气温和最低气温之差比世界同纬度地区偏大,中国大部分地区降水的季节变化和年际变化也比较大。这些都说明,中国的季风气候具有显著的大陆性特点。

第三节

资　源

一、土地资源

中国土地资源的主要特点是总量巨大,人均占有量偏低;土地类型的比例不够合理。

中国土地面积居世界第三位,耕地总面积居世界第四位,森林总面积居世界第六位。但是,中国人均土地占有量、耕地占有量只有世界人均数量的三分之一,人均森林占有量更只有世界人均值的五分之一。

中国国土广大,土地类型多样,有利于农、林、牧、副、渔的全面发展。但是,各种土地类型的比例不尽合理,分布不平衡,耕地、林地比重小。中国可以利用的土地资源,大半已经开发利用,后备土地资源不足。

二、水资源

中国水资源的总量巨大,人均水平较低,而且地域、季节分布不均。

中国河流年径流量居世界第六位,而人均值只有世界人均值的四分之一。

中国的耕地分布是南少北多,而水资源的分布情况是南多北少。北方降水较少,河流和湖泊的水量不足。比如华北平原是中国小麦、棉花的集中产区,耕地面积约占全国的40%,而水资源只占全国的6%左右。

中国水资源不仅地域分布不均,而且时间变化也很大。夏季降水过多,容易发生洪灾,大量宝贵的淡水资源白白地流入海洋;冬春季节降水减少,河流的水位下降,北方一些河流甚至断流。

面对这种情况,中国一方面积极教育国民节约用水,另一方面,采取修建水库的办法,解决水资源季节变化大的问题;同时,还采取跨流域调水的办法,解决水资源地域分布不均的问题。已经实施的工程包括"引滦入津"和"引黄济青",分别把滦河水引入天津,把黄河水引入青岛;正在建设的"南水北调"工程,把长江流域

南水北调路线示意图

的水，调到华北和西北。

三、矿产资源

中国国土广大，地质条件多样，世界上已知的171种矿产在中国都能找到，而且大多储量丰富。目前，中国已经探明储量的矿产有158种，总储量居世界第三位。

中国的煤、铁、铜、铝等主要矿产储量均居世界前列。石油、天然气等矿产也很丰富，石油储量占世界第十二位（2004年）。中国稀土金属的储量，超过世界其他国家的稀土总量。

中国矿产资源分布的主要特点是，地区分布不均匀。比如，中国的铁矿石和煤炭储量巨大，但是，铁矿石的212.4亿吨储量，主要分布在辽宁、河北和四川，西北很少；煤炭的储量为3342亿吨，主要分布在山西、内蒙古、新疆等省区，东南沿海各省则很少。这种分布不均匀的状况，使一些矿产比较集中，有利于大规模开采，形成全国性的重要矿产基地；但同时，也给运输带来了很大压力，为此中国政府正在加强管道、铁路和公路建设。

 第四节

国土的划分和管理

为了方便管理，国家将国土划分成很多个部分，称为行政区划。现行的行政区划共有三级，即省、县、乡。同时，根据宪法和"一国两制"政策的需要，中国还设有特别行政区。

其中，省级行政区划包括省、自治区、直辖市三种。目前全国共有23个省、5个自治区、4个直辖市。23个省是：黑龙江、吉林、辽宁、河南、河北、山西、陕西、甘肃、青海、山东、安徽、江苏、浙江、江西、福建、湖南、湖北、广东、四川、贵州、云南、海南、台湾。5个自治区是：西藏自治区、新疆维吾尔自治区、内蒙古自治区、宁夏回族自治区、广西壮族自治区。4个直辖市是：北京、上海、天津、重庆。

1997年7月1日和1999年12月20日，香港和澳门先后回归祖国，中国设立了"香港特别行政区"和"澳门特别行政区"，使香港和澳门维持原有的社会制度稳定不变，享有高度的自治权。

此外，在经济活动和科学研究中，人们习惯于将辽阔的中国大陆部分划分为东部和西部。目前采用的划分方法是，以黑龙江省的黑河市和云南省的腾冲县的连线为界，将黑龙江、吉林、辽宁、天津、北京、河北、山西、河南、安徽、江西、湖北、湖南、山东、江苏、上海、浙江、福建、广东划分为东部。这一地区的经济技术基础较好。将内蒙古、陕西、甘肃、宁夏、青海、新疆、四川、重庆、云南、贵州、西藏、广西十二个省区划分为西部。这里的土地、气候、能源资源丰富。中国未来的建设方针是开发辽阔的西部，逐渐使西部的发展水平接近东部发达地区。

中国行政区划表

名称	政府所在地	面积（万平方公里）	2004年底人口（万人）
北京市	北京	1.68	1493
黑龙江省	哈尔滨	46.90	3817
吉林省	长春	18.70	2709
辽宁省	沈阳	14.57	4217
天津市	天津	1.13	1024
内蒙古自治区	呼和浩特	119.75	2384
新疆维吾尔自治区	乌鲁木齐	165.58	1963
宁夏回族自治区	银川	6.28	588
青海省	西宁	72.00	539
甘肃省	兰州	45.00	2619
陕西省	西安	20.50	3705
西藏自治区	拉萨	127.49	274
四川省	成都	48.80	8725
重庆市	重庆	8.20	3122
贵州省	贵阳	17.00	3904
云南省	昆明	39.40	4415
山西省	太原	15.60	3335
河北省	石家庄	19.00	6809
山东省	济南	15.30	9180
河南省	郑州	16.70	9717
安徽省	合肥	13.90	6461
江苏省	南京	10.26	7433
上海市	上海	0.62	1742
湖北省	武汉	18.74	6016
湖南省	长沙	21.00	6698
江西省	南昌	16.66	4284
浙江省	杭州	10.18	4720

续表

名称	政府所在地	面积（万平方公里）	2004年底人口（万人）
福建省	福州	12.00	3511
台湾省		3.60	2269(2004年底)
广西壮族自治区	南宁	23.77	4889
海南省	海口	3.40	818
广东省	广州	18.60	8304
香港特别行政区	香港	0.1103	688(2004年中)
澳门特别行政区	澳门	0.0027	46(2004年中)

（主要资料来源：中央政府门户网站 www.gov.cn）

思考题：

1. 您到过中国的哪些地方？
2. 中国处于中纬度地区，海陆兼备，与此相比，贵国的地理条件有什么特点？
3. 中国在资源条件方面有哪些优势和劣势？
4. 贵国如何划分和管理自己的国土？

参考资料：

1. 中国网：《国土与资源，行政区划与城市》，http://www.china.org.cn/chinese/zhuanti/zgjk/983662.htm.
2. 郑平著：《中国地理》，五洲传播出版社，2006。
3. 孟树德，黄文聪主编：《内蒙古》，五洲传播出版社，2001。
4. 金凤君，钱金凯等编著：《中国西部社会经济发展图册》，五洲传播出版社，2003。
5. 中国国家地理中文网，http://www.cng.com.cn/.

第二章

古代历史

> **提要** 中国是世界上四大文明古国之一,已经有三千多年有文字记载的历史。古代中国经历了原始社会、奴隶社会、封建社会。其中,长期的封建社会对中国文化传统的形成和今天的影响,最为深刻。

第一节

原始社会
（约公元前170万年—公元前21世纪）

根据现有的考古资料,大约170万年以前,中国已经有了原始人类。在云南省元谋发现的"元谋人"、在陕西省蓝田发现的"蓝田人"是目前已知的中国最早的原始人类。大约50或40万年以前,在北京周口店一带生活的猿人"北京人",已经能够直立行走,制造、使用简单工具,利用火,具备了人的基本特征。距今一万年前后的新石器时代遗址,遍布中国各地。

中国的原始人类经历了母系氏族社会和父系氏族社会两个发展阶段。7000至6000年以前在黄河流域和长江流域出现的"仰韶文化",是母系氏族社会的主要代表。1952年在陕西省西安市附近半坡村发现的遗址,就是当时的一个母系氏族村落。大约5000年以前在黄河流域出现的"龙山文化",则是父系氏族社会的主要代表。在这两个历史阶段,人类已经能够磨制各种石器,并且发明了陶器。

据传说,原始社会末期,在黄河流域分布着不少部落,其中以黄帝为首的部落比较强大,文化也比较先

"北京人"复原图

进。黄帝后来被人们称为中华民族的始祖。

第二节

奴隶社会
（约公元前 21 世纪—公元前 771 年）

中国的奴隶社会,从公元前 21 世纪到公元前 771 年,经过了夏、商、周三个朝代,所以人们也把这一时期称为"三代时期"。

最古老的王朝夏朝开始于公元前 2070 年。夏王朝的中心地区,在今天的河南省西部和山西南部一带,它的势力和影响已经达到黄河南北。夏朝从建立到灭亡,历时 500 年。

约公元前 16 世纪建立的商朝（也称殷商）,存在了 600 年。

在这一历史时期,最为重要的历史现象是,中国出现了有文字记载的历史和繁荣的青铜文明。商代出现的用比较定形的文字记载的历史,表明了中华民族在很早的时候已经达到相当成熟自觉的程度,开启了中国源远流长的历史传统。商代青铜文明的繁荣,不仅以高超的冶炼和制造技术,向人们证明了早期中国先进的生产力水平,而且,更为重要的是,与青铜文明伴随产生了中国历史上最早的知识分子——祭司,他们的特征是,利用自己的知识（特别是天文知识）而不是体力、权力在社会生活中发挥作用。在先进的生产力基础上出现的历史传统和知识分子,使中国从很早的时候起,逐步形成了独特的传统,鬼神的观念淡漠,关于现实世界的思想发达。

约公元前 11 世纪,殷商灭亡,周朝建立。

从现有的出土文物可以看出,周朝（西周时期）是中国奴隶社会的顶峰,生产力比较发达,制度文化开始确立。为了巩固统治,周朝在全国实行了"分封制"和"井田制";国家建立起比商朝更加严密的宗法、礼乐、刑罚制度和土地管理制度。这一时期,青铜文明继续繁荣,青铜器的体积更大,制作更加精美,青铜器铭文（即金文）相当普遍。周朝相对发达的生产力和它所创建的统治国家的各项制度,深刻地影响到以后的时代,为古代中国向封建社会过渡打下了基础。

商代制造的青铜器

第三节

封建社会
(公元前770年—1840年)

封建社会中的以下几个阶段,对中国的影响尤为深远。

一、春秋战国时期

公元前770年,周朝遭到重大打击,周王将都城从镐京(在今天的西安附近)向东迁移到洛阳,开始了中国历史上的东周时期。东周由于又分成"春秋"和"战国"两个阶段,所以也叫春秋战国时期。在这个时期,中国从奴隶社会逐渐转入封建社会。

春秋时期(公元前770年—公元前476年),中国的农业文明已经成型。炼铁技术迅速发展,农民大量使用铁制农具和牛耕,中国各地均动员大量人力,修筑和完善水利工程,提高灌溉和抵御自然灾害的能力。这些进步,使当时中国的耕地面积扩大,农业生产能力得到增强。

战国时期(公元前475年—公元前221年),社会变革激烈。春秋时期曾经存在的140多个诸侯国,经过战争,到战国时期,比较大的国家只有齐、楚、燕、韩、赵、魏、秦七国,被称为"战国七雄"。社会的剧烈变革,反映在思想领域,是出现了各种各样的学派,形成了"百家争鸣"的局面。当时的主要学派有:以孔子和孟子的学说为代表的儒家学派,以老子、庄子为代表的道家学派,以韩非子和商鞅为代表的法家学派,以墨子为代表的墨家学派,以孙武为代表的兵家学派等等。这些学派在当时相对宽松的政治环境下,提出许多深刻的思想学说,成为中国文化传统的重要源泉。各家学派当中,儒家学说和道家学说,对中国文化传统的形成,意义尤为重要。

二、秦汉时期

公元前221年,战国七雄中的秦国统一了中国,建都咸阳(在今天的西安附近)。秦始皇统一中国以后,实行了"郡县制",将全国划分为三十六个部分(郡);又统一了文字、道路、度量衡的标准;并首次征用百万人以上,修筑长城这样雄伟的工程。这些措施,使中国的封建制度得到空前的巩固,大大强化了统一国家的观念,影响到以后历代的统治者。

公元前206年,西汉王朝建立,建都长安(今天的西安)。西汉王朝是中国历史上一个强大的王朝,是第一个有意识对外交流和开放的王朝。他们派张骞两次出使西域,打开了从长安经过新疆、中亚一直到地中海东岸的道路,这条贸易和文化交流的通道后来被称为"丝绸之路"。"通西域"和西汉王朝开展的其他交流活动不仅使西部和其他地方的民族了解了汉朝的存在和强大,也使西汉王朝得到了了解和学习其他民族的宝贵机会。

长　城

西汉王朝灭亡以后,东汉王朝建立(公元 25 年),迁都长安以东的洛阳。从东汉初,发源于印度的佛教传入中国。佛教促进了中国人抽象思维能力的发展,对中国哲学在形态上的成熟有推动作用;不过,佛教的传入并未改变中国人现实的宇宙观,相反,在传播的过程中,佛教逐渐与中国文化传统结合,产生新的教派。佛教在中国传播的过程,显示出中国文化巨大的吸收、包容能力。

三、魏晋南北朝时期

东汉王朝在经历了 195 年的统治以后,最终灭亡。

东汉后期,在中国形成三股比较强大的割据势力,分别是以刘备为首的蜀国、以孙权为首的吴国和以曹操为首的魏国,三者都力图统一中国。中国进入军阀混战的"三国"时期。

265 年,原来从属魏国的司马家族凭借魏国多年积聚的军事力量,消灭蜀国,并夺取统治权,建立晋朝;再消灭吴国,统一中国。

420 年,晋朝灭亡,国家再度分裂为南方的宋、齐、梁、陈和北方的北魏、北齐、北周。为争夺国家统治权而爆发的频繁的战乱,严重破坏了国家的生产和生活。而战乱所带来的民族(特别是北方各民族)的融合和人民大批向长江流域的迁移,在中华民族的形成和发展历史上,影响深远。

魏晋南北朝,是中国哲学(玄学)比较发达的时期,佛教广为传播,佛教艺术也取得相当高的成就。

四、隋唐五代时期

公元581年,隋朝建立,中国再次统一,并呈现出短暂的繁荣。从隋朝开始,中国实行科举考试制度,在全社会公开选拔人材。科举制度虽然在以后的历史中逐渐演变为僵化生硬的统治手段,但在当时,有效地扭转了南北朝以来形成的注重出身门第和等级观念的社会风气,对全社会形成平等竞争的机制和风气起到了积极作用。

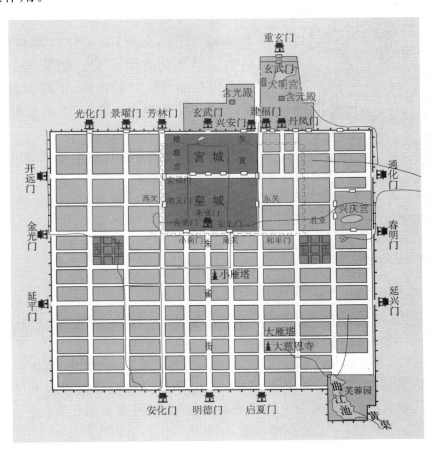

唐长安城格局示意图

隋朝之后的唐朝,建都长安(今天的西安),历时近300年(公元618—907年),是中国封建社会最为强盛的时代。唐朝经济繁荣,边防巩固,民族关系和睦,首都长安人口达100万以上;国家对外开放,文化发达,其他国家的人也和中国人一样有机会来长安游览、学习和考试做官,中国的政治制度、宗教学说、文学成就,对中国周围的国家产生了深刻的影响,促进了整个东亚地区的发展。

唐朝以后,中国经历了大约60年的短暂分裂时期——五代时期,全国一度分裂为大小不等的10个国家。到公元960年,宋朝建立,中国又一次统一。

五、宋元时期

宋朝是中国封建社会由盛而衰的转折点。全社会的开拓进取和创造精神减退,文化趋于保守,艺术品趋于小巧精致(而不再是汉代和唐代的朴素豪放)。宋朝是中国城市和市民文化发展的重要阶段,出现了很多重要城市,商业繁荣,开始使用便于流通的纸币;市民文化逐渐成熟,它和中国传统的书面式的典雅的上层文化不同,也和口耳相传、充满迷信的下层文化有所区别。如果说上层文化比较多地关注"统治"的稳固,下层文化更多地体现出"生存"的艰辛,那么,市民文化这种中层文化的特征和追求在于"娱乐"。在市民文化的背景下,各种通俗的艺术形式如说书、戏曲、小说等等,空前流行。

由于北方少数民族的威胁,从宋朝开始,中国的经济中心逐渐从黄河流域转移到了长江流域。

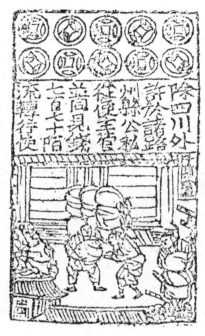

宋朝的纸币"交子"

宋朝以后直到今天,尽管王朝更替,中国再也没有发生过大的分裂,国家统一的观念和现实成为中国历史引人注目的主流和特征。

灭亡宋朝的是来自北方的蒙古族势力,他们建立了元朝,于公元1279年统一中国,定都大都(今天的北京)。元朝时,中国的民族、宗教融合进一步加深,元朝政府与西藏建立了稳定的隶属、管辖关系;市民文化继续发展。不过,由于民族矛盾和社会矛盾激烈,元朝统治的时间不足百年,就被明朝所代替(公元1368年)。

六、明清时期

明清时期,中国封建社会开始转向全面衰落。

明朝开始的时候,中国的科学技术水平并不落后,1405年至1433年,皇帝派郑和率领庞大的船队进行了七次规模巨大的海上远航,经过东南亚、印度洋、波斯湾、马尔代夫群岛,最远到达非洲东海岸的索马里和肯尼亚,是哥伦布时代以前世界上规模最大、航程最远的海上探险。

然而，由于几千年农业生产方式的影响和其他更为复杂的原因，明清后期的统治者趋于保守，丧失了曾经为中国历史带来辉煌的进取精神。虽然有过几次短暂的转机和政府的努力维护，明朝还是一步步走向衰落，内忧外患不断，统治阶级的自信心逐渐丧失。明朝中后期，产生了中国历史上少有的特务组织"东厂"、"锦衣卫"等。

明朝于公元1644年灭亡。由于资料的相对完备和这段历史的警示价值，对明朝历史的研究一直是中国历史学界的热点。探索这一段由盛转衰的历史，对中国选择自己将来的发展道路，有宝贵的借鉴作用。

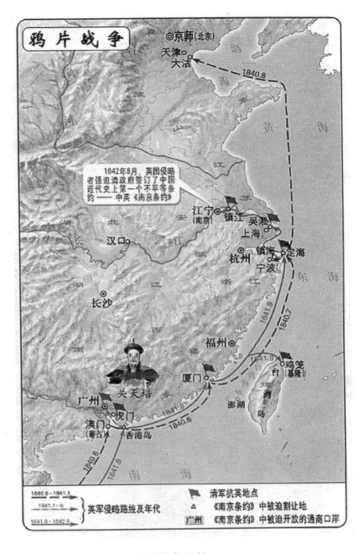

鸦片战争形势

清朝（1644—1911年）的发展方向，基本延续了明朝的思路，并且在许多方面变本加厉。在经过短暂的强大时期以后，清朝统治者选择了和明朝后期一脉相承的"闭关锁国"政策，拒绝与世界其他国家通商和交流；对国内，大兴"文字狱"，实行文化高压政策。这些措施，削弱了国家和国民的活力，最终造成了国家的全面衰落。

与此同时，西方先进国家在经过工业革命以后，国家实力迅速增强，急需寻找广大的原材料源地和商品市场。疆土广大、资源丰富、人口众多的中国自然引起了这些国家的注意。在经过从清朝中期开始的几次激烈的武装冲突之后，中国全面失败，1840年以后至1949年沦为半封建半殖民地社会。

古代历史留给中国的成功经验和失败教训同样深刻，它告诉我们，一个国家除了需要发展经济，保障国家安全，人民生活幸福之外，也必须保持积极进取、对外开放和交流的态度,积极学习其他国家和民族的先进经验,才能在全球化的时代立于不败之地。

中国历史纪年表

旧石器时代			约 170 万年前—约 1 万年前
新石器时代			约 1 万年前—约 4 千年前
夏			约公元前 21 世纪—约公元前 16 世纪
商			约公元前 16 世纪—约公元前 1046
周	西周		约公元前 1046—公元前 771 年
	东周		前 770—前 256
	春秋时代		前 770—前 476
	战国时代①		前 475—前 221
秦			前 221—前 206
汉	西汉②		前 206—公元 23
	东汉		25—220
三国	魏		220—265
	蜀		221—263
	吴		222—280
西晋			265—316
东晋十六国	东晋		317—420
	十六国③		304—439
南北朝	南朝	宋	420—479
		齐	479—502
		梁	502—557
		陈	557—589
	北朝	北魏	386—534
		东魏	534—550
		北齐	550—577
		西魏	537—557
		北周	557—581
隋			581—618
唐			618—907
五代十国	后梁		907—923
	后唐		923—936
	后晋		936—946
	后汉		947—950
	后周		951—960
	十国④		902—979
宋	北宋		960—1127
	南宋		1127—1279
辽			907—1125
金			1115—1234
西夏			1038—1227
元			1279—1368

明	1368—1644
清	1644—1911
中华民国	1912—1949
中华人民共和国	1949

附注：

① 这时期主要有秦、齐、楚、燕、韩、赵、魏等国。
② 包括王莽建立的"新"朝（公元8年—23年）。王莽时期，爆发了大规模的农民起义，建立了农民政权。公元23年，新王朝灭亡。公元25年，东汉王朝建立。
③ 这时期，中国北方先后存在着一些封建政权，其中有：汉（前赵）、成（成汉）、前凉、后赵（魏）、前燕、前秦、后燕、后秦、西秦、后凉、南凉、北凉、南燕、西凉、北燕、夏等国，历史上叫做"十六国"。
④ 这时期，除后梁、后唐、后晋、后汉、后周外，还先后存在过一些封建政权，其中有：吴、前蜀、吴越、楚、闽、南汉、荆南（南平）、后蜀、南唐、北汉等国，历史上叫做"十国"。

（主要资料来源：中央政府门户网站 www.gov.cn）

思考题：

1. 中国经历了哪些社会阶段？
2. 中国封建社会有哪些朝代？
3. 中国古代历史和贵国的历史有什么相同和不同的地方？

参考资料：

1. 中国网：历史概况，http://www.china.org.cn/chinese/zhuanti/zgjk/983662.htm.
2. 林汉达编著：《林汉达中国历史故事集》，中国少年儿童出版社，2003。
3. 张一平著：《丝绸之路》，五洲传播出版社，2005。
4. 《中国历史地图册》，http://map.huhai.net/.

第三章

中国的人口

提要 中国现有13亿以上的人口,约占世界的五分之一,是世界上人口最多的国家。人口数量巨大、结构欠佳的问题将长期、严重影响中国经济和社会的发展。中国解决人口问题的方法是实行计划生育,至今已经取得明显成效。计划生育是中国的基本国策。

第一节

中国人口演变

一、古代中国人口

中国是世界上比较早地建立人口登记和调查制度的国家。

公元前11世纪的周朝已经有了经常性的人口调查。战国时期,下级官员需要登记当地的人口并且向上级官员汇报,这种制度一直延续到秦汉时期。隋唐时期和明清时期,人口登记和调查制度更加完善。登记和调查的内容包括住址、家庭人数、姓名、年龄、性别、田地数量、房屋数量等等;国家周期性地进行人口普查工作。这些制度的建立,为我们保留了丰富珍贵的历史人口资料,为我们研究古代中国人口的演变提供了方便。

古代中国人口发展大约经历了以下三个重要的阶段。

第一,从三代时期到秦汉时期。根据历史记录和推算,从三代时期的夏朝到汉朝(公元前21世纪到公元初),在2000多年的时间里,中国人口缓慢地波动上升,达到6000万。在修筑长城的秦朝时期,中国人口的总量在4000万至5000万之间。

第二,从汉朝到明朝。从公元初到17世纪初,在大约1600年的时间里,中国人口大部分时候在6000万至7000万之间波动,不过,在社会安定、经济繁荣的宋朝和明朝,人口曾经达到和超过1亿。这个时期的中国人口,占世界人口总量的五分之一。

除了数量的增长,和前一个历史时期相比,中国人口的地理分布也发生了很大变化。由于战争的关系,大量人口从北方的黄河流域向南方迁移。唐朝以后,南方人口总数逐渐超过北方。宋朝初期(公元980—989年),南北方人口比例大约为6:4。明朝初期(公元14世纪后期),南北之比上升到大约7:3。与此同时形成的还有"东南部密集西北部稀疏"的人口格局。在古代中国形成的这些人口分布特点,至今没有改变。

第三,清朝。从17世纪初到1850年,在大约200年的时间里,中国人口从1亿增加到4.3亿,占世界人口总量的三分之一。这种"爆炸性"的增长,和清朝前期国土广大,经济繁荣,政府鼓励生产和开发,第一次在中国历史上实行"增人不增税"的人口政策有直接的关系。清朝的人口增长告诉我们,一个政府的法律和政策,可以在很大程度上影响国家的人口发展。

二、新中国人口数量

从清朝后期到新中国建立(1850年到1949年),在大约100年的时间里,虽然经历了多次战乱和自然灾害,但是由于人口基数过大,中国人口总量仍然继续增长。到新中国建立的时候,全国人口已经超过5.4亿。

目前,中国是世界上人口最多的国家。

根据2005年进行的全国1‰人口抽样调查的数据,中国的总人口在2005年年末已经超过13亿。中国被世界各国称为"13亿人口大国"。

中华人民共和国成立以来,一共进行过五次全国人口普查。根据最近的2000年全国第五次人口普查的结果,当时的中国总人口为129533万人。其中,中国大陆31个省、自治区、直辖市和现役军人的人口共126583万人,香港特别行政区人口为678万人,澳门特别行政区人口为44万人,台湾省和福建省的金门、马祖等岛屿人口为2228万人。中国人口约占世界人口总数的22%(1999年10月12日,世界人口达到60亿)。在世界上,平均每五个人中,就有一个中国人。这个比例,多年以来基本上没有改变。

世界上,人口在5000万以上的国家,就被称为人口大国,而根据2000年资料,中国人口超过5000万的省有9个;世界上,人口超过1亿的国家仅有11个,而中国河南和山东两个省的人口都接近1亿。

2000年第五次全国人口普查快速汇总的人口地区分布数据

单位:万

指标	年末数	比重(%)
全国总人口	130756	100.0
其中:城镇	56212	43.0
乡村	74544	57.0
其中:男性	67375	51.5
女性	63381	48.5
其中:0—14岁	26504	20.3
15—64岁	94197	72.0
65岁及以上	10055	7.7

经过多年的努力,虽然中国已经进入了低生育率国家行列,但是由于人口基数过大,当前和今后十几年,中国人口仍然会以年均800—1000万的速度增长。按照2006年中国政府发布的中长期规划,2010年和2020年,中国人口总量将分别达到13.7亿和14.6亿;人口总量高峰将出现在2033年前后,达15亿左右。

人口增长速度快,总量巨大所带来的问题在短期内难以缓解,将成为中国在目前和今后几十年必须面对的沉重压力。

人口超过1亿的国家

单位:百万

1950年		2002年年中		2050年	
国家	人口	国家	人口	国家	人口
中国	555	中国	1281	印度	1628
印度	358	印度	1050	中国	1394
苏联	200	印度尼西亚	217	巴基斯坦	332
美国	158	美国	287	美国	414
		巴西	174	印度尼西亚	316
		巴基斯坦	144	尼日利亚	304
		俄罗斯	144	孟加拉国	205
		孟加拉国	134	巴西	247
		尼日利亚	130	刚果民主共和国	182
		日本	127	埃塞俄比亚	173
		墨西哥	102	墨西哥	151
				菲律宾	146
				越南	117
				埃及	115
				俄罗斯	102
				日本	101

数据来源:美国人口咨询局,2002年

三、新中国人口快速增长的原因

从历史情况来看,中国一直是世界人口大国,但是达到目前这样庞大的人口规模,主要原因是在新中国成立以后。除了社会卫生事业进步带来的结果以外,新中国快速的人口增长,和落后的文化观念、政府的政策失误也有一定的关系。

中华人民共和国成立以后,政府加强了社会卫生事业建设,不断提高人口健康素质。平均预期寿命已从新中国成立前的35岁上升到2004年的71.8岁,孕产妇死亡率从20世纪50年代初期的1500/10万下降到2004年的51/10万,婴儿死亡率从新中国成立前的200‰下降到2004年的29.9‰,5岁以下儿童死亡率从建国初期的250‰—300‰下降到2004年的28.4‰。传染病、寄生虫病和地方病的发病率和死亡率均大幅度减少。

这些方面的进步,导致中国人口数量明显上升。

其次,由于长期的农业文明影响,中国家庭特别是农村家庭,在新中国成立以后相当长的时间里,仍然保留着"多子多福"的观念,生育率居高不下。

另外,政府在20世纪50年代和60年代,没有及时地接受经济学家的建议,控制人口过快增长,也是导致中国人口数量在将近30年的时间里直线上升的重要原因。在缺少管理和控制的情况下,20世纪60年代,中国的人口出生率达到历史最高水平(是目前水平的三至四倍),人口过多导致粮食、住房、交通和一系列社会资源供应紧张,最终迫使中国在70年代初开始实行计划生育。

第二节

人口结构和分布

除了人口数量巨大以外,中国人口在结构和分布方面也存在一些问题,加剧了中国人口问题的严重程度。

一、人口结构

在性别结构方面,根据2005年全国1‰人口抽样调查主要数据来看,2004年末,中国男性人口6.6976亿,占51.5%,女性人口6.3012亿,占48.5%,性别比(以女性为100,女性对男性的比例)为100∶106左右。

从20世纪80年代开始,中国一些地方出现出生人口性别比持续升高的现象。2000年第五次全国人口普查时为117,2003年为119,少数省份高达130。为遏制出生人口性别比升高的势头,国家采取了一系列措施,颁布了《人口与计划生育法》《关于禁止非医学需要的胎儿性别鉴定和选择性别的人工终止妊娠的规定》等法律法规，启动了"关爱女孩行动"，倡导男女平等，综合治理出生人口性别比偏高。

在年龄结构方面，从2004年末全国总人口12.9988亿来看，0—14岁人口为2.7947亿，占总人口的21.50%，15—64岁人口为9.2184亿，占70.92%；65岁及以上人口为9.857亿，占7.58%。

上述数据表明，从目前到未来一二十年，中国劳动力资源丰富，为经济快速发展提供了强大的动力。目前，中国城镇每年新增劳动力近千万，农村剩余劳动力2亿多。并且，15—64岁的劳动年龄人口将保持增长态势。据预测，2016年劳动年龄人口将达到峰值10.1亿，2020年仍高达10亿左右。这对就业、产业结构调整和社会发展事业提出了更高要求。

其次，2000年以后，65岁以上老年人口比例达7%以上（根据2006年资料，甚至有17800位老人的年龄超过100岁）。按照国际标准，中国已经进入老龄化社会。据预测，到2020年，65岁老年人口将达1.64亿，占总人口比重16.1%，80岁以上老人达2200万。中国老龄化呈现速度快、规模大、"未富先老"等特点，对未来社会的抚养压力、储蓄率、消费结构都会产生重大影响。

在民族结构方面，根据2005年全国1%人口抽样调查主要数据来看，全国汉族人口为11.8295亿，占总人口的90.56%；各少数民族人口为1.2333亿，占人口的9.44%。与2000年相比，汉族人口增加了2355万人，增长了2.03%；各少数民族人口增加了1690万人，增长了15.88%。少数民族人口在最近几十年来增长速度更快的趋势没有改变。

在教育水平方面，2004年，各种受教育程度人口占总人口的比例分别为：大学以上占5.42%、高中占12.59%、初中占36.93%、小学占30.44%。受高层次教育的人数大幅度增加，受小学教育人口比重逐步下降。

中国普及九年义务制义务教育的人口覆盖率达到93.6%，6岁及以上人口平均受教育年限达到8.01年（其中男性8.5年，女性7.51年），比1990年提高了1.75年；人口粗文盲率（15岁及15岁以上不识字或识字很少的人口占总人口的比重）减少到8.33%，比1990年时下降了7.55个百分点。

中国人口科学文化素质的总体水平还不高，主要表现在：一是人口粗文盲率大大高于发达国家2%以下的水平；二是大学粗入学率大大低于发达国家；三是平均受教育年限不仅低于发达国家的人均受教育水平，而且低于世界平均水平（11年）。并且，城乡人口受教育程度存在明显差异。2004年，城镇人均受教育年限为9.43年，乡村为7年；城镇文盲率为4.91%，乡村为10.71%。

在就业比例方面，2005年年末，全国就业人员7.5825亿人，占总人口的比例为57.99%，占劳动年龄人口的80%以上。这样高的就业比例，和中国政府采取的一系列保护劳动者权益的措施有很大关系,特别是保护妇女、农民甚至残疾人的劳动就业权益措施。

二、人口分布

从地理分布来看,中国人口多,密度大,分布并不均衡。

中国是世界上人口密度比较高的国家之一,平均人口密度为每平方公里135人,是世界人口密度(每平方公里44人)的三倍多。

人口地理分布的特点是,东部多,西部少。

东部沿海地区人口密集,每平方公里超过400人;西部地区人口稀少,每平方公里仅有50人。西部地区虽然占有国土总面积的56%,但是只占人口总数的23%。可以说,大多数的中国人,生活在中国的东部。这种情况在最近一百年来,没有大的变化。

这种地理分布特点,主要和中国的地理、气候条件有关。西部多沙漠、草原、山地,耕地少,发展工商业、交通运输业的条件不理想,所以,中国的大部分人口,集中在自然条件比较优越的东部。

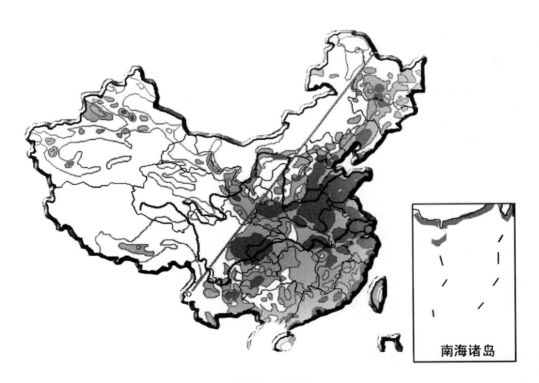

中国人口密度图

从城乡分布来看,可以说,中国农村人口比重大,城镇人口比重小。但是,随着城市化的发展,最近五十多年以来,两者之间的比例已经大大地改变。

在历史上,中国一直是一个以农业经济为主的国家,绝大多数人口分布在农村,从事农业生产劳动。1949年,中国农村人口约占全国人口的90%,城镇人口只占10%。新中国成立以来,由于工商业、交通运输业、旅游业和乡镇企业的蓬勃发展,城镇人口迅速增加。2004年末全国城镇人口达到5.4283亿,占总人口的41.76%,乡村人口为7.5705亿,占58.24%。

由于中国经济的高速发展,城镇人口上升,农村人口下降的趋势在未来几十年内不会改变,中国政府正在合理规划,采取多种措施,努力改善农民进城务工环境,促进农村劳动力有序流动,引导农村剩余劳动力向非农产业转移。

2004年,中国流动人口已经超过1.4亿。大量农村劳动力进城务工,为城市发展提供了充裕的劳动力,同时也改善了农村的经济状况。

中国城镇人口有5亿多,是世界上城镇人口最多的国家。但是,城镇人口在全国人口中的比重不到42%,落后于世界平均水平(50%),中国仍然是一个城市化水平比较低的国家,需要迅速加以提高。

今后,随着中国经济的发展,中国的城镇人口将会继续增加。中国对城市发展的政策是:严格控制大城市(100万人口以上)的规模,合理发展中小城市,建设新型乡镇,大小城市有机结合,城乡人口合理布局。

此外,还有大约3500多万华侨和华人分布在世界各地。长期侨居国外的中国人,是华侨;已经定居国外并加入了所在国国籍的,称为外籍华人。侨胞原籍以广东、福建两省为最多,有些海外华侨比较多的地方常常被称为"侨乡"。

在历史上和今天,海外的华侨华人,为中华民族的独立和解放,为发展中国和外国的友好关系,为中国的经济建设,作出了巨大的贡献。

 第三节

计划生育

一、重要意义

面对严峻的人口形势,中国的策略是实行计划生育,逐步缓解和解决人口问题。

中国开展计划生育是从1971年开始的。实行计划生育已经是中国的一项基本国策。

二、主要措施

中国计划生育政策的基本内容是"晚婚、晚育,少生、优生"。

中国现行的《婚姻法》将过去规定的结婚年龄提高了两岁,目前,中国法定的结婚年龄是男 22 岁,女 20 岁。按法定年龄推迟三年以上结婚,属于晚婚;妇女 24 岁以后生育,属于晚育。提倡男女青年晚婚晚育,对于减少人口具有重要意义。青年妇女如果 20 岁开始生育,100 年就要生育五代人,如果 25 岁开始生育,100 年只生育四代人,可以减少一代人口。

少生,就是一对夫妇只生一个孩子。这个政策是从 1980 年开始严格实行的。不过,考虑到实际情况(比如农村家庭的劳动力问题,或者第一个孩子是残疾儿),有的家庭也可以生第二个孩子。另外,在少数民族地区,根据各民族自己的意愿和该民族具体情况,有不同的规定:一般可以生育两个孩子,有的地方可以生育三个孩子,对人口过少的少数民族则不限制生育子女的数量。

计划生育家庭

优生,就是要提高生育质量,保证婴儿身体健康,智力发达。除了在法律上规定不允许近亲结婚、不允许有遗传性疾病的人结婚生育外,中国不少地方设立了婚姻、优生及遗传性疾病咨询机构,加强优生指导。同时,还加强了妇幼保健工作。

三、效果和前景

计划生育工作从 20 世纪 70 年代开始实行以来,中国的人口出生率从实行计划生育以前的 35‰ 左右不断下降,至 2005 年年末,出生率下降到 12.40‰;到 2005 年底,这一政策总共使中国少出生了大约 4 亿人,成效巨大。

没有任何一种人口政策是万能的和不需要改进的。实行计划生育政策 30 多年以来,中国已经出现了一些社会问题,比如独生子女的各类社会和教育问题。中国政府将在人口健康有序发展的前提下,不断发展完善计划生育政策,但是,作为政策核心内容的"晚婚、晚育,少生、优生"在相当长的时间里,将保持稳定,不会改变。

(主要资料来源:中国政府门户网站 www.gov.cn 劳动和社会保障部 国家统计局:2005年劳动和社会保障事业发展统计公报;中国人口网 http://www.chinapop.gov.cn/)

思考题:

1. 古代中国人口的高速增长发生在什么时期?
2. 建国以后人口迅猛增长的原因是什么?
3. 中国从什么时候开始实行计划生育政策,有什么成效?
4. 中国控制人口的近期目标和远期目标分别是什么?

参考资料:

1. 中国网:人口与民族,http://www.china.org.cn/chinese/zhuanti/zgjk/983662.htm。
2. 田雪原,周丽苹著:《中国人口》,五洲传播出版社,2004。
3. 马尔萨斯著:《人口原理》,商务印书馆,1992。
4. 赵少华主编:《中国妇女》,五洲传播出版社,2004。

第四章

中国的民族

> **提要** 中国是一个统一的多民族国家,境内生活着56个民族。由于汉族占总人口数的90%以上,一般将其他55个民族统称为少数民族。各个少数民族都有自己灿烂的历史和文化传统,宗教和生活习俗丰富多彩。在中国,各个民族不分大小,一律平等。国家实行民族区域自治政策,各个民族的权益和文化得到充分尊重和保护。

第一节

统一的多民族国家

一、形成过程

中国自古以来就是一个统一的多民族国家。公元前221年,秦朝建立。开始管理今天广西、云南等少数民族较为集中的地方。汉朝继承秦朝制度,国家更加强大。汉朝在西域(今天甘肃省的西部和新疆)设置机构,管理四周各民族,包括今天新疆各族人民的祖先在内。在汉朝与少数民族频繁的交往活动中,汉朝的名字逐渐被其他民族用来称呼华夏民族,逐步形成了世界上人数最多的民族——汉族。

汉朝以后,各个朝代的中央政权既有汉族建立的,也有少数民族建立的。他们虽然民族不同,但都把建立统一的多民族国家作为最高政治目标。公元13世纪,蒙古族建立起统一的多民族的大元帝国(公元1206—1368年)。元朝在西藏设立主管军政事务的专门机构,西藏从此成为中国领土不可分割的一部分;同时设立机构管理台湾和周围岛屿。公元17世纪,满族建立清朝。清朝在西域设置机构并建立新疆行省,在西藏设立驻藏大臣,并确立了由中央政府册封达赖、班禅两大活佛的制度。

蒙古包

中华人民共和国成立后,为了全面贯彻实行民族平等政策,从 1953 年起,国家组织了大规模的民族识别考察工作,辨别民族成分和确认民族名称。

由于在很长时间里,旧中国的民族成分一直处于模糊不清的状态。中华人民共和国成立以后,许多少数民族纷纷公开他们的民族成分,提出自己的族名。到 1953 年,汇总登记的民族名称有 400 多个。中国政府分阶段对这些民族进行了识别。

第一阶段,从 1953 年中华人民共和国成立至 1954 年。经过深入细致的实地考察和科学研究,首先认定了(包括历来公认的)蒙古、回、藏、满、维吾尔、苗、朝鲜等 38 个少数民族。

第二阶段,从 1954 年至 1964 年全国第二次人口普查。在第一阶段取得的经验和成果的基础上,对上次全国人口普查登记的所剩族体名称(183 个)进行研究,新确定了 15 个少数民族。

第三阶段,从 1965 年至 1982 年第三次全国人口普查。在这一阶段中,1965 年认定了西藏的珞巴族,1979 年认定了云南的基诺族。至此,我国民族大家庭的成员增加到 56 个。

第四阶段,从 1982 年第三次全国人口普查至今。主要进行民族成分的恢复、更改和对某些族体进行归并工作。据统计,自 1982 年以来,全国恢复、更改民族成分的人数在 1200 万人以上。

迄今为止,通过识别并经中央政府确认的民族有 56 个,即汉族、蒙古族、回族、藏族、维吾尔族、苗族、彝族、壮族、布依族、朝鲜族、满族、侗族、瑶族、白族、土家族、哈尼族、哈萨克族、傣族、黎族、傈僳族、佤族、畲族、高山族、拉祜族、水族、东乡族、纳西族、景颇族、柯尔克孜族、土族、达斡尔族、仫佬族、羌族、布朗族、撒拉族、毛南族、仡佬族、锡伯族、阿昌族、普米族、塔吉克族、怒族、乌孜别克族、俄罗斯族、鄂温克族、德昂族、保安族、裕固族、京族、塔塔尔族、独龙族、鄂伦春族、赫哲族、门巴族、珞巴族、基诺族。

中国各民族名称及其罗马字母拼写法

数字代码	民族名称	罗马字母拼写法	字母代码
01	汉　族	Han	HA
02	蒙古族	Mongol	MG
03	回　族	Hui	HU
04	藏　族①	Zang	ZA
05	维吾尔族	Uygur	UG
06	苗　族	Miao	MI
07	彝　族	Yi	YI
08	壮　族	Zhuang	ZH
09	布依族	Bouyi	BY
10	朝鲜族②	Chaoxian	CX
11	满　族	Man	MA
12	侗　族	Dong	DO
13	瑶　族	Yao	YA
14	白　族	Bai	BA
15	土家族	Tujia	TJ
16	哈尼族	Hani	HN
17	哈萨克族	Kazak	KZ
18	傣　族	Dai	DA
19	黎　族	Li	LI
20	傈僳族	Lisu	LS
21	佤　族	Va	VA
22	畲　族	She	SH
23	高山族	Gaoshan	GS
24	拉祜族	Lahu	LH
25	水　族	Sui	SU
26	东乡族	Dongxiang	DX
27	纳西族	Naxi	NX
28	景颇族	Jingpo	JP
29	柯尔克孜族	Kirgiz	KG

续表

30	土族	Tu	TU
31	达斡尔族	Daur	DU
32	仫佬族	Mulam	ML
33	羌族	Qiang	QI
34	布朗族	Blang	BL
35	撒拉族	Salar	SL
36	毛南族	Maonan	MN
37	仡佬族	Gelao	GL
38	锡伯族	Xibe	XB
39	阿昌族	Achang	AC
40	普米族	Primi	PM
41	塔吉克族	Tajik	TA
42	怒族	Nu	NU
43	乌孜别克族	Uzbek	UZ
44	俄罗斯族	Russ	RS
45	鄂温克族	Ewenki	EW
46	德昂族	Deang	DE
47	保安族	Bonan	BN
48	裕固族	Yugur	YG
49	京族	Gin	GI
50	塔塔尔族	Tatar	TT
51	独龙族	Derung	DR
52	鄂伦春族	Oroqen	OR
53	赫哲族	Hezhen	HZ
54	门巴族	Monba	MB
55	珞巴族	Lhoba	LB
56	基诺族	Jino	JN

注：① 藏族的罗马字母拼写法,对外使用时用 Tibetan。
② 朝鲜族的罗马字母拼写法,对外使用时用 Korean。

二、各民族人口和分布

据 2000 年第五次全国人口普查公报的统计,中国大陆 31 个省、自治区、直辖市的人口总数为 126583 万人,其中汉族 115940 万人．占全国人口的 91.59%,少数民族 10643 万人,占全国人口的 8.41%。与 1990 年第四次人口普查相比,汉族人口增加了 11692 万人,增长了 11.22%,少数民族人口增加了 1523 万人,增长了 16.70%。

这种变化趋势告诉我们,由于少数民族人口的增长速度超过汉族人口,所以少数民族人口的比例在最近几十年中,一直呈现上升的态势。在 1964 至 1982 年、1982 至 1990 年、1990 年至 2000 年间,少数民族人口占全国总人口的比重由 5.8% 分别提高到 6.7%、8.01% 和 8.41%。

满 族

蒙古族

各少数民族的人口数量差别很大。壮族人口最多,超过 1600 万。而居住在西藏南部的珞巴族,是人口最少的民族,仅有 2965 人。另外,还有未被确定的民族成分的人口,共 73.4 万多人。

尽管少数民族人口在全国总人口中的比重不到 10%,但分布却十分广泛。少数民族自治地方面积占全国的 60% 以上。总的来说,中国少数民族人口的分布有两个特点:

小聚居和大杂居:少数民族人口主要集中在内蒙古、新疆、西藏、广西、宁夏 5 个自治区和 30 个自治州、120 个自治县(旗)、1200 多个民族乡。这些地区也混合居住着汉族,其比例也相当高。比如,在内蒙古、广西、宁夏三个自治区中,汉族人口都超过了少数民族人口,在新疆,汉族人口超过 40%。同样,在各个汉族地区也混合居住着许多少数民族。全国拥有 56 个民族的省区有 11 个,占全国 31 个省区的 35.5%。这种你中有我、我中有你、相互依存的人口分布状况有利于各民族的交流和发展。

分布范围广:但主要集中在西部和边疆地区。2000 年人口普查显示,居住在广西、云南、贵州、新疆四个接近边境的省区的少数民族人口,占全国少数民族人口的一半以上。中国陆地边境线全长 2 万多公里,绝大部分是少数民族地区。

促进少数民族地区的发展是巩固边防,维护国家稳定的重要课题。

第二节

民族平等和民族区域自治

一、民族平等的原则

中国宪法规定,中国是一个统一的多民族的国家,各民族一律平等。

在中国,少数民族参与行使管理国家的权利受到特殊保障。在中国的最高权力机关全国人民代表大会的选举中,中国各少数民族都可以选出代表本民族的全国人民代表大会代表,人口特别少的民族,至少也有一名代表。

从 1954 年第一届全国人民代表大会至今,少数民族代表在全国人民代表大会代表中所占名额的比例,都高于同期在全国人口中所占的比例。

二、民族区域自治制度

中国实行民族区域自治制度。

1947 年,在中国共产党领导下,中国建立第一个省级少数民族自治地方——内蒙古自治区。中华人民共和国建立后,相继成立了四个自治区:新疆维吾尔自治区(1955 年 10 月)、广西壮族自治区(1958 年 3 月)、宁夏回族自治区(1958 年 10 月)和西藏自治区(1965 年 9 月)。

民族自治地方的自治机关,除了行使同级别的地方国家机关的职权以外,还享有广泛的自治权利。

首先,按照《民族区域自治法》要求,自治机关的正职领导人(包括人民代表大会常务委员会主任、自治区主席、自治州州长、自治县县长)由实行区域自治的少数民族的公民担任。

其次,民族自治地方可以依照当地民族在政治、经济、文化方面的特点,报经上级机关批准,制定自治条例和单行条例。比如,根据《中华人民共和国婚姻法》的规定,中国五个民族自治区和一些自治州结合当地的具体情况,制定了执行《婚姻法》的补充规定,将婚姻法中结婚年龄的规定"男不得早于 22 周岁,女不得早于 20 周岁",修改为"男不得早于 20 周岁,女不得早于 18 周岁",在自治区域内实行。

在语言文字方面,民族自治地方的自治机关,可以使用当地通用的一种或者几种语言文字;同时使用几种通用的语言文字执行职务的,可以以实行区域自治的民族语言文字为主。内蒙古、新疆、西藏等民族自治地方,都制定实施了使用、发展本民族语言文字的有关规定。

民族自治地方的自治机关有管理经济活动的自治权。可以自主管理建设项目和当地企业,可以开辟对外贸易口岸,并且享受国家的优惠政策。凡是属于民族自治地方的财政收入,都由自治机关自主安排使用。同时,在执行国家税法的时候,可以根据情况,实行减税或者免税。

中国的民族自治地方分为自治区、自治州、自治县(旗)三级。截至目前,中国共建立了155个民族自治地方,其中包括5个自治区、30个自治州、120个自治县(旗)。根据2000年第五次全国人口普查,在55个少数民族中,有44个建立了自治地方,实行区域自治的少数民族人口占少数民族总人口的71%,民族自治地方的面积占全国国土总面积的64%左右。

第三节

少数民族的经济和社会发展

中华人民共和国成立前,农牧业是中国少数民族地区的主要产业,交通和通信非常落后,不少地区一封书信要走上一个月甚至更长时间,许多人没有见过汽车和电话,西藏没有一公里公路。

中华人民共和国成立以后,宪法规定:"国家尽一切努力,促进全国各民族的共同繁荣。"中国政府采取了很多措施发展少数民族地区的经济。

一、经济发展

为加快西部地区和民族自治地方的发展,中国政府于2000年开始实施西部大开发战略,全国5个自治区、27个自治州、83个自治县(旗)被纳入西部大开发的范围,成为国家重点投资和支持的地区。

除了20世纪50、60、90年代已经建成的钢铁基地、水电站、油田、公路、铁路、机场以外,2000年以来,国家重点投资建设"西气东输"、"西电东送"、青藏铁路等一批重大工程。其中,世界最长的高原铁路——青藏铁路在2006年7月1日通车,结束了西藏自古以来没有铁路交通的历史。这些工程帮助民族自治地方进一步把资源优势转化为经济优势。

中国政府鼓励汉族地区和少数民族地区实现共同富裕。从20世纪70年代末开始,中国政府开始组织东部沿海发达地区和西部地区的对口支援,帮助少数民族地区发展经济和社会事业。1996年进一步明确,确定北京帮助内蒙古、山东帮助新疆、福建帮助宁夏、广东帮助广西,全国支援西藏。

此外,中国政府扩大了民族自治地方的生产企业对外贸易经营自主权,鼓励地方产品出口,实行优惠的边境贸易政策。20世纪90年代以后,中国扩大了对陆地周边国家的开放与合作,确立13个对外开放城市和241个一类开放口岸,设立14个边境经济技术合作区,其中绝大多数在民族自治地方。

这些政策措施推动少数民族地区的经济获得快速增长。

新疆的边境贸易市场

2003年,中国民族自治地方国内生产总值(GDP)完成10381亿元人民币,首次突破万亿元人民币大关。1994—2003年,民族自治地方GDP年均增速为9.87%,高于全国平均水平近1个百分点。民族自治地方GDP占全国的比重,由1994年的8.5%上升到2003年的8.9%。1994年民族自治地方人均GDP相当于全国人均GDP的63.5%,2003年升至66.3%。其中,西藏人均GDP为6871元人民币,相当于全国人均GDP的75.5%,新疆人均GDP为9700元人民币,相当于全国人均GDP的106.58%。内蒙古、宁夏、新疆等地城市化水平已高于全国平均水平。

二、社会发展

为提高少数民族人口素质,加快民族自治地方的经济社会发展,中国各民族自治地方实行比汉族地区宽松的生育政策。一般规定,少数民族家庭可以生育两个或三个孩子;边境地区和自然环境恶劣的地区、人口特别稀少的少数民族可以生育三个以上的孩子;西藏自治区的藏族农牧民可以不受限制地生育子女。这使得少数民族人口的增长速度高于全国平均水平。1953年全国第一次人口普查时,新疆的少数民族人口为454万人。到2005年,新疆的少数民族人口达到1210万人,占新疆总人口的60%。1952年,西藏地方政府向中央政府申报的西藏人口为100万人,到2000年,西藏人口已增至262万人,其中,藏族人口243万,占人口总数的92%。

在经济发展的同时,中国政府高度重视少数民族地区的生态环境建设。国家实施的"天然林保护工程"和退耕还林、退牧还草项目主要在少数民族地区。

国家帮助民族自治地方普及九年义务教育和发展各类教育事业。高等学校和中等专业学校招收新生的时候,对少数民族考生适当放宽录取标准和条件。目前,中国共建立了中央民族大学等13所民族高等院校,培养少数民族人才。根据2000年第五次全国人口普查,朝鲜、满、蒙古、哈萨克等14个民族的受教育年限高于全国平均水平。

1998年,中国政府开始实施"村村通"广播电视工程,到2003年底,解决了几千万村民收听广播、收看电视的问题。目前,这一工程还在广大少数民族地区继续推广。

中国政府有计划地整理、保护少数民族文化遗产。现在,中国55个少数民族都有自己的文字记载的简史。中国政府设立专门机构,整理少数民族的三大英雄史诗《格萨尔》(藏族)、《江格尔》(蒙古族)、《玛纳斯》(柯尔克孜族)和藏文佛经《大藏经》。投入大量资金修缮西藏、青海、新疆的文物古迹,其中,在西藏布达拉宫的修缮过程中,仅使用的黄金数量,就超过了1吨。

第四节

各民族的文化

一、语言文字

中国的56个民族中,汉族有自己的语言和文字。

55个少数民族当中,除了回族和满族通用汉语以外,其他53个民族都使用本民族的语言;到2003年底,中国有22个少数民族使用28种本民族文字,其中壮、布依、苗、纳西、傈僳、哈尼、佤、侗、景颇、土等十多个民族使用的13种文字是由政府帮助创制或改进的。

各少数民族的语言非常复杂,差别很大。为了保存和发展各民族的文化,目前,中国以招收少数民族学生为主的学校,都采用少数民族文字的课本,并采用少数民族语言授课。

二、宗教信仰

中国是一个多种宗教并存的国家,信仰宗教者约有上亿人。佛教、伊斯兰教、天主教和基督教在中国都有传播;此外,中国还有人信仰中国固有的宗教——道教、萨满教等。不同的民族和不同的个人,宗教信仰往往各不相同。

佛教在东汉时传入中国,公元4世纪后开始广为流传,逐渐成为中国影响最大的宗教。佛教在中国流传的途径非常复杂,在各地获得了不同的变化发展,比如在中原地区发展变化成为禅宗;在西藏发展变化成为崇拜"活佛"的藏传佛教(又称喇嘛教),并流传到内蒙古等地区。

中国少数民族的第一大宗教是伊斯兰教。目前,有回、维吾尔、哈萨克、柯尔克孜、塔塔尔、乌孜别克、塔吉克、东乡、撒拉、保安这10个民族信仰伊斯兰教。唐宋时期（7世纪中期），阿拉伯人和波斯人带来了伊斯兰教。由于唐朝和宋朝政府的开放，不排斥外来的宗教和文化，伊斯兰教在中国获得迅速的发展。今天，在中国的很多城市，如北京和西安，都可以看到穆斯林和汉族、穆斯林和其他少数民族和睦相处的景象。

天主教和基督教传入中国的时间不如佛教和伊斯兰教久远，影响也小一些，主要在上海、北京、武汉、广州等大城市；少数农民也信仰天主教或基督教。

美丽的西藏

道教大约形成于公元2世纪。认为通过修炼（如太极拳、气功等等），人就可以成为长生不老的神仙。作为一种本土宗教，道教在中国农村有更大的影响。

（主要资料来源：2005年：《中国的民族区域自治》白皮书）

思考题：
1. 贵国是单一民族国家还是多民族国家？是单一宗教国家还是多宗教国家？
2. 中国各民族"小聚居、大杂居"的分布特点说明了什么？
3. 你如何看待中国的民族区域自治政策？

参考资料：
1. 中国网：《人口与民族》，http://www.china.org.cn/chinese/zhuanti/zgjk/983662.htm。
2. 王灿著：《中国民族》，五洲传播出版社，2004。
3. 凌海成著：《中国佛教》，五洲传播出版社，2004。
4. 梅康钧编著：《中国基督教》，五洲传播出版社，2005。

5. 米寿江,尤佳著:《中国伊斯兰教》,五洲传播出版社,2004。
6. 晏可佳著:《中国天主教》,五洲传播出版社,2004。
7. 张晓明编著:《中国西藏》,五洲传播出版社,2004。
8. 臧迎春编著:《中国少数民族服饰》,五洲传播出版社,2004。

第一单元练习

一、选择正确答案：

1. 中国陆地部分从东到西的最大距离大约是　　　　　　　　　　（　　）
   - A. 1200 公里
   - B. 3200 公里
   - C. 5200 公里
   - D. 12000 公里

2. 以下关于中国位置和面积的描述，哪一句是正确的　　　　　　（　　）
   - A. 中国位于太平洋的东岸，国土面积960万平方公里，居世界第三位。
   - B. 中国位于太平洋的西岸，国土面积690万平方公里，居世界第五位。
   - C. 中国位于太平洋的东岸，国土面积690万平方公里，居世界第五位。
   - D. 中国位于太平洋的西岸，国土面积960万平方公里，居世界第三位。

3. 以下哪个国家的陆地国土面积，和中国最接近　　　　　　　　（　　）
   - A. 法国
   - B. 印度
   - C. 美国
   - D. 俄罗斯

4. 在中国的各种地形当中，哪个部分的比例最大　　　　　　　　（　　）
   - A. 山地
   - B. 平原
   - C. 丘陵
   - D. 盆地

5. 以下哪一项关于中国地理的描述是正确的　　　　　　　　　　（　　）
   - A. 中国是一个国土广大的国家，居世界第二位。
   - B. 中国是一个横跨欧洲和亚洲的国家。
   - C. 中国是一个东方国家，位于太平洋的东岸。
   - D. 中国是一个海陆兼备的国家。

6. 中国最大的岛屿是哪个？　　　　　　　　　　　　　　　　　（　　）
   - A. 台湾岛
   - B. 香港岛
   - C. 海南岛
   - D. 青岛

7. 以下哪一种关于中国河流的介绍是正确的　　　　　　　　　　（　　）
   - A. 中国最长的河流是黄河，其次是长江。
   - B. 长江地区和黄河地区都属于中国的南方。
   - C. 长江和黄河全部在中国的境内。

D. 中国在黄河上修建了三峡工程,利用黄河水力发电。

8. 中国是怎样划分东西部的? （   ）
   A. 以黑龙江和云南的连线为界。
   B. 以黑龙江和广东的连线为界。
   C. 以内蒙古和云南的连线为界。
   D. 以内蒙古和广东的连线为界。

9. 以下关于中国城市位置的描述中,哪一句是正确的? （   ）
   A. 重庆市属于中国的东部,上海市也属于中国的东部。
   B. 重庆市属于中国的西部,上海市属于中国的东部。
   C. 重庆市属于中国的西部,上海市也属于中国的西部。
   D. 重庆市属于中国的东部,上海市也属于中国的西部。

10. 以下朝代顺序排列正确的是 （   ）
    A. 秦朝　宋朝　唐朝　清朝
    B. 秦朝　唐朝　宋朝　清朝
    C. 唐朝　秦朝　宋朝　清朝
    D. 唐朝　宋朝　秦朝　清朝

11. 中国农业文明的成熟表现在很多方面,指出下面正确的一组 （   ）
    A. 打制石器和磨制石器　　B. 铁器、牛耕和水利工程
    C. 长城和秦始皇兵马俑　　D. 探索西域和佛教的传入

12. 中国是从以下哪个朝代开始实行科举考试制度的 （   ）
    A. 秦朝　　　　　　　　B. 隋朝
    C. 唐朝　　　　　　　　D. 清朝

13. 以下关于中国人口年龄结构的介绍中,哪一句是正确的? （   ）
    A. 中国人口当中,15 岁以下者占最大部分。
    B. 中国人口当中,15—64 岁者占最大部分。
    C. 中国人口当中,64 岁以上者占最大部分。
    D. 中国人口当中,各个年龄段的人口相当。

14. 中国人口问题的最新变化是性别比升高,它的意思是　　　　　(　　)
    A. 尽管采取了计划生育,出生率仍然偏高。
    B. 新出生的男孩大大多于女孩。
    C. 人们对男孩和女孩的喜爱程度越来越接近。
    D. 由于长期实行计划生育,很多家庭希望生第二胎。

15. 以下关于计划生育政策的描述哪一项是正确的　　　　　　　(　　)
    A. 中国的计划生育政策是从 50 年代开始实行的。
    B. 计划生育政策对农村和城市的规定是一样的。
    C. 这项政策一直允许高学历的家庭生育 3 个以上孩子。
    D. 由于计划生育政策的特别规定,少数民族的人口比例一直在上升。

16. 中国是从以下哪个朝代开始管理西藏和台湾的　　　　　　　(　　)
    A. 宋朝　　　　　　　B. 元朝
    C. 明朝　　　　　　　D. 清朝

二、判断正误:
1. 中国地势的总特征是西高东低。　　　　　　　　　　　　　(　　)
2. 中国的四大海洋依次是渤海、东海、黄海、南海。　　　　　(　　)
3. 渤海是中国的内海。　　　　　　　　　　　　　　　　　　(　　)
4. 长江的流向是自西向东。　　　　　　　　　　　　　　　　(　　)
5. 从宋朝以后,中国的经济中心从南方转移到北方。　　　　　(　　)
6. 在唐朝,中国人口迅速从 1 亿左右增加到 4 亿。　　　　　　(　　)
7. 在目前的中国人口中,女性数量多于男性。　　　　　　　　(　　)
8. 中国人口的地理分布很不平衡,东部人口远远多于西部。　　(　　)
9. 在中国,人口最多的少数民族是蒙古族。　　　　　　　　　(　　)
10. 在中国,信仰佛教的少数民族数量最多。　　　　　　　　　(　　)
11. 中国现有五个少数民族自治区。　　　　　　　　　　　　　(　　)

第二单元

中国政治

第五章

中国的政治制度

提要 中国的政治制度集中体现在宪法当中,主要包括国体、国家的结构形式、政体等内容。中国的国体是工人阶级领导的、以工农联盟为基础的人民民主专政的社会主义国家。中国的国家结构形式是社会主义的多民族的单一制国家。中国的政体是人民代表大会制度,人民通过全国和地方各级人民代表大会行使自己管理国家的权力。中国的司法制度由公安机关、人民法院、人民检察院三大机关贯彻执行。

第一节

中国政治制度的构成和演变

一、中国政治制度的形成

广义的政治制度,包括国家政权的阶级实质(即国体,指社会各阶级在国家中的地位)、国家的结构形式(即单一制还是复合制,指国家的整体与部分,中央政权机关与地方政权机关之间的关系)和组织形式(即政体,指统治阶级采取何种形式组织自己的政权机关)以及为保证国家机器运行的一系列基本的具体的制度。狭义的政治制度则是指国家组织形式和结构形式以及政党制度、选举制度等各种制度。

最为集中和最高级别地体现中国政治制度的,是《中华人民共和国宪法》。

二、中国的国体

中国宪法规定,中国的国体是工人阶级领导的、以工农联盟为基础的人民民主专政的社会主义国家。

国体规定了中国的国家性质。目前,工人、农民、知识分子等全体社会主义劳动者和一切拥护社会主义与祖国统一的爱国者属于"人民"的范畴。

三、国家结构形式

中国的国家结构形式,是社会主义的多民族的单一制国家,全国只有一个统一的最高立法机关、一部统一的宪法、一个统一的中央政府。

中国在行政区划方面设置的所有行政单位和自治单位,均受中央政府的统一领导;在对外关系上,全国是由中央政府为代表,作为一个国际法主体参与国际交往。

中国政府于1997年和1999年,先后恢复对香港、澳门行使主权。中国政府在香港和澳门两个特别行政区分别实行"一国两制"的基本方针。

"一国两制"是指在中国统一的国家内,内地实行社会主义制度,香港和澳门保持原有的资本主义制度与生活方式,50年不变。按照宪法的规定,中央人民政府负责管理与特别行政区有关的外交事务、国防事务(在香港和澳门驻军的费用由中央人民政府负担)。香港特别行政区和澳门特别行政区享有充分自主地管理本地区事务的权力,包括行政管理权、立法权、独立的司法权和终审权,保持原有的财政、金融制度不变。中央不派官员到特别行政区政府任职。中央人民政府不在香港、澳门特别行政区征税。

在未来,"一国两制"也将是中国解决台湾问题,完成国家和平统一的基本方针。

香港中银大厦

澳门大三巴牌坊

四、中国政体

中国政体,是人民代表大会制度。

在中国,一切权力属于人民。人民行使国家权力的机关是全国人民代表大会和地方各级人民代表大会。所以,人民代表大会制度成为中国的根本政治制度。

各级人民代表大会的代表通过选举产生,对人民负责,受人民监督。代表中有各界、各地区、各民族、各阶级和阶层的代表人物。人民代表大会举行会议之际,代表能够充分发表意见,也可向本级政府及其所属工作部门提出质询案,受质询的机关必须负责答复。选民或原选举单位有权依照法律规定的程序,罢免自己选出的代表。

 第二节

人民代表大会制度

一、全国人民代表大会

中国宪法规定:"中华人民共和国全国人民代表大会是国家最高权力机关。"

也就是说,所有的国家机关都必须服从于全国人民代表大会(简称全国人大)。

人民大会堂

全国人大代表由省、自治区、直辖市人大和解放军选举产生,他们组成35个代表团。代表总数不超过3000人。全国55个少数民族都有本民族的代表。一个代表团或者30名以上的代表,可以向全国人大会议提出议案。

全国人民代表大会每届任期五年,五年改选一次。2008年选举产生的是第十一届全国人大。

全国人民代表大会的最高法律地位和职权,是通过行使最高权力来体现的。

这些最高权力包括:(1)修改宪法,监督宪法的实施,制定和修改刑事、民事、国家机构和其他的基本法律。(2)审查和批准国民经济和社会发展规划和规划执行情况的报告,以及国家的预算和预算执行情况的报告。(3)批准省、自治区和直辖市的建置,决定特别行政区的设立及其制度。(4)决定战争和和平问题。(5)选举、决定最高国家机关领导人员,即选举全国人民代表大会常务委员会组成人员,选举国家主席、副主席,决定国务院总理和其他组成人员的人选,选举中央军事委员会主席和决定其他组成人员的人选,选举最高人民法院院长,选举最高人民检察院检察长。同样,全国人民代表大会有权罢免上述人员。

全国人民代表大会全体会议,每年召开一次,如果人大常委会认为必要,或者有五分之一以上的全国人大代表提议,可以召开临时会议。全国人民代表大会全体会议公开举行,设有旁听席,决议通过表决,按少数服从多数的原则作出。

全国人民代表大会设有常务委员会,作为常设机构,在全国人民代表大会闭会期间,代表全国人民代表大会行使国家最高权力。

二、地方人民代表大会

与全国人民代表大会相对应,中国的宪法规定,国家以现行行政区划为单位,分别设立省(自治区、直辖市)、县(市)、乡(镇)各级人民代表大会,其中,县级以上的人民代表大会设有常务委员会。

地方各级人民代表大会都是地方国家权力机关。省、自治区、直辖市一级人民代表大会,还有权制定地方性法规。

它们在本地区内,代表人民讨论和决定本地区的重大问题,组织并监督本地区人民政府和其他行政司法机关,同时,接受上一级人民代表大会的指导与监督。

三、人民代表的产生与权利

按照宪法规定,中华人民共和国公民,凡满18周岁的,除了因犯罪而被依法剥夺政治权利的人以外,都有选举权和被选举权。

人民代表的产生,分为直接选举和间接选举两种形式。县级以下(包括县)实行直接选举,由选民直接投票选举本级的人民代表;县级以上实行间接选举,由下一级人民代表大会选举上一级人民代表大会的代表。各级人民代表大会代表的选举,一律采取无记名投票方式进行。按照法律规定,选举费用全部由国家支出,不需要任何个人和团体筹集。

由于实行的是差额选举(即候选人的名额多于应选代表名额的选举方法),所以,直接选举中,候选人的名额比应选代表的名额多三分之一至一倍,间接选举中,多五分之一至二分之一。

第三节

中国的司法制度

中国的司法制度,包括侦查制度、审判制度、检察制度、监狱制度、仲裁制度、司法行政管理制度、调解制度、律师制度、公证制度、国家赔偿制度、法律援助制度等。

公安机关、人民法院、人民检察院是贯彻执行司法制度的三大司法机关,公安机关是侦查机关,人民法院是审判机关,人民检察院是监督机关。

一、侦查制度

中国的刑事诉讼法规定,对刑事案件的侦查、拘留、预审,由公安机关负责。人民检察院对贪污案件、经济犯罪案件、渎职案件以及应该直接由它侦查的案件,有侦查权。除公安机关和人民检察院外,其他任何机关、团体、个人都无权行使这种权力。

二、审判制度

人民法院是国家的审判机关。最高人民法院是中国的最高审判机关,对全国人民代表大会和它的常务委员会负责,并监督地方各级人民法院和军事法院等专门人民法院的审判工作。

审判现场

中国的主要审判制度和原则有:(1)人民法院依法独立行使审判权,不受任何行政机关、社会团体和个人的干涉。(2)公开审判制度,除涉及国家机密、个人隐私和未成年人的犯罪案件外,一律公开进行审判。(3)辩护制度,被告有权为自己辩护,也有权委托律师或其他人为自己辩护。(4)用民族语言进行审判的制度,在诉讼和审判活动中,可以使用当地的民族语言。(5)两审终审制度,地方法院的第一审案件判决后,当事人如果不服,可以向上一级法院上诉,经上一级法院审判的第二审案件的判决和裁定,是终审的判决和裁定。

中国目前判处的刑罚有:有期徒刑、无期徒刑和死刑。

三、监督制度

中华人民共和国的法律监督由人民检察院进行,它的设置同人民法院相对应。

根据法律规定的职权,人民检察院进行下列法律监督工作:(1)法纪监督。对于危害国家安全案、危害公共安全案、破坏经济秩序案、侵犯公民人身权利民主权利案和其他重大犯罪案件,行使检察权;对于国家工作人员的职务犯罪,进行检察。(2)侦查监督。对于公安机关侦查的案件,进行审查,决定是否逮捕、起诉或者免于起诉;对于公安机关的侦查活动是否合法,实行监督。(3)提起公诉和审判监督。对于刑事案件提起公诉、支持公诉;对于人民法院的审判活动是否合法,实行监督。(4)对刑事案件判决、裁定的执行和监狱、看守所、劳动改造机关的活动是否合法,实行监督。

随着经济体制改革的不断深入,中国在政治体制方面的改革也在有计划地进行。改革的方向是,全面加强法制建设,使人民更充分地行使当家作主的权利。

(主要资料来源:中央政府门户网站 www.gov.cn)

思考题:

1. 中国的国体、国家的结构形式和政体,分别是什么?
2. 为什么说全国人民代表大会是中国的最高权力机关?
3. 全国和地方各级人大代表是怎样选举出来的?
4. 中国的司法制度包括哪几个方面,各自的职能是什么?

参考资料:

1. 中国网:《政治制度与国家机构》,http://www.china.org.cn/chinese/zhuanti/zgjk/983662.htm.
2. 尹中卿著:《中国政治制度》,五洲传播出版社,2004。
3. 王巧珑著:《香港——中国的特别行政区》,五洲传播出版社,1997。
4. 田进编著:《跨越1999的澳门》,五洲传播出版社,1999。

第六章

中国共产党领导的多党合作与政治协商制度

> **提要** 中国的政党政治,是在中国的历史条件下形成的,具有自己的特点。它既不是一党制,也不是两党制、多党制,而是中国共产党领导下的多党合作、政治协商。它没有执政党和在野党的对立,而是一党执政,多党参政,合作管理国家。

第一节

中国共产党发展历程

中国共产党是中国的执政党。简称中共。

中国共产党党旗

一、中国共产党的成立

中国共产党成立之前,中国遭受着历史上最严重的失败和苦难。第一代共产党人的理想就是改变中国落后、软弱的面貌。

中国是一个有着数千年历史的文明古国,曾经创造出先进的文明。然而,当欧美国家在17世纪、18世纪开始工业革命的时候,清朝的统治者盲目、骄傲,自我封闭,拒绝扩大与外国的交往。事实上,原来文明程度落后于中国的欧美国家,此时已远远地走在了中国的前面。

1840年,英国发动鸦片战争,使中国由一个独立的封建国家变为半殖民地半封建国家,外国的政治、经济、军事压力和中国原有的封建主义联合起来,影响了国家的发展,给中国带来长期、深重的民族苦难。

1911年,孙中山发动辛亥革命,推翻清朝统治。但是,由于缺少强有力的维护国家统一的指导纲领、严密组织和武装力量,中国不仅面对原有的各个帝国主义国家的侵略和占领,而且陷入严重的国内军阀混战局面。

1917年,俄国发生十月革命,第一次把起源于欧洲的社会主义理论马克思列宁主义变成了现实。由于中国和俄国情况接近,中国知识分子得到启发,看到了实现中国独立、统一和强盛的希望。

从1920年起,最早接受马列主义的知识分子李大钊、陈独秀等人在中国各地先后组成共产主义小组,在欧洲也组织了同样的小组。1921年7月到8月,中国共产党的第一次代表大会在上海举行,出席大会的有13人,代表着全国50多名党员。大会正式宣告成立中国共产党。

中国共产党成立后,发动了大规模的工人运动和反对帝国主义、反对封建主义的斗争,很快成长为中国革命的重要领导力量。1922年,中国共产党第二次全国代表大会在上海举行,出席会议的代表12人,代表着全国195名党员。

二、两次国共合作

1923年,中国共产党第三次全国代表大会在广州举行,出席代表30多人,代表全国党员420人。大会决定,和当时控制中国南方的孙中山领导的中国国民党合作,推动全国的群众运动,帮助国民党改组和建立国民革命军,并在巩固广东革命根据地之后,于1924年参加了以消灭地方军阀割据势力、统一中国为目标的北伐战争,取得了重大胜利。

1925年孙中山去世以后,控制国民党的蒋介石背叛了孙中山所决定的国共合作和反帝反封建政策,残酷屠杀共产党人,致使第一次国共合作在1927年破裂。一度发展到6万多名党员的中国共产党减少到1万多人。

孙中山

从20世纪20年代到30年代,中国共产党在举行了一系列起义和暴动之后,建立了属于自己的武装力量,在残酷的武装斗争中,中国共产党人的数量几度增减,付出了巨大的牺牲。

1937年,抗日战争全面爆发以后,面对日本帝国主义的不断侵略,中国共产党向全国发出了坚决抵抗,挽救民族危亡的号召。国民党政府在全国人民的巨大压力下,被迫实行第二次国共合作,联合中国共产党共同抵抗日本侵略。

在八年的抗日战争中,中国共产党领导下的八路军、新四军以游击战争为主,在敌人后方有力地打击日本侵略者;同时,在战争的环境下,中国共产党从组织上和思想上加强了自身建设。

三、夺取全国胜利

经过长期的革命斗争,中国共产党逐渐认识到,面对中国的独特国情,只有把马克思列宁主义理论与中国的具体实践结合起来,才能指导中国革命走向胜利。

毛泽东

1945年,中国共产党在抗日战争胜利的前夕,召开了第七次全国代表大会,大会正式代表547人,代表党员121万人。大会通过新的党章,规定"毛泽东思想"作为党的一切工作的指针。大会并且选举毛泽东为党的中央委员会主席。

在1946年至1949年的解放战争中,具有明确信念和严密组织的中国共产党,领导中国人民解放军,打败了得到美国支持的八百万国民党军队,结束了自1911年辛亥革命以来的长期战乱局面,使中国基本上得到统一。中华民族的独立和国家的统一,为民族和国家的复兴奠定了坚实的基础。

1949年10月1日,中华人民共和国成立。中国共产党从此走上了国家执政党的道路。

四、建设新中国

中国共产党的执政道路并不平坦。年轻的中华人民共和国不断遇到来自国际和国内的各种挑战。在应对这些挑战的过程中,中国共产党取得了巨大的进步,维护了国家的独立。同时,也出现过严重的失误,比如,给中国带来严重破坏的"文化大革命(1966—1976年)"等政治运动。

1978年12月18日,中国共产党十一届三中全会在北京召开。这次会议纠正了建国以来,特别是"文化大革命"以来的错误路线,提出把中国共产党的工作重点转移到经济建设上来,作出实行改革开放的新决策,使中国从长期的政治动乱、经济衰退中逐步摆脱出来,踏上了高速恢复和发展的正确道路。

这次会议以后,在中国共产党的倡议和领导下,从70年代末到80年代中期,中国陆续实施了土地承包制为中心的农村改革,以经济责任制为中心的工业企业改革,在城市中推行就业制度的改革,建立了深圳等经济特区,使中国经济获得高速发展,国家实力和人民生活水平得到大幅度提高。中国取得的一系列经济成就和外交胜利,充分证明了以邓小平为中心的新一代领导集体的执政能力。

邓小平

进入90年代和21世纪以后,中国共产党延续了十一届三中全会以来正确的路线方针政策,正在领导中国人民取得更大的胜利。

截至2007年底,全国党员总数已经发展到7415万名,显示了中国共产党旺盛的生命力和光明的发展前景。

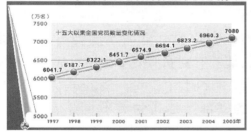
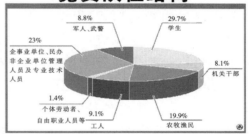

第二节

中国共产党的组织机构

一、领导机构

中国共产党的组织机构经过多次变动。

现行的中国共产党党章规定,中国共产党的最高领导机关是党的全国代表大会和它所产生的中央委员会。

党的全国代表大会,每五年举行一次。在全国代表大会闭会期间,中央委员会执行全国代表大会的决议,领导党的全部工作,对外代表中国共产党。

中央委员会全体会议选举产生中央政治局、中央政治局常务委员会和中央委员会总书记。中央政治局和中央政治局常委会在中央委员会全体会议闭会期间,行使中央委员会的职权。中央政治局、中央政治局常委会和中央政治局常委会的办事机构中央书记处,由中央委员会全体会议选举产生。

中国共产党中央委员会的直属机构有中共中央办公厅、中共中央组织部、中共中央宣传部、中共中央统一战线工作部、人民日报社等。这些机构当中,办公厅、组织部、宣传部、统战部等,是中共中央的办事机构和职能部门,相应地负责某一方面的工作;《人民日报》是中国共产党的机关报。

中共中央还设有纪律检查机关——中央纪律检查委员会。

二、基层组织

中国共产党非常重视基层组织建设。

根据党章规定:"工厂、商店、学校、机关、街道、合作社、农场、乡、镇、人民解放军连队和其他基层单位,凡是有正式党员3人以上的,都应成立党的基层组织。"

党的基层组织的形式,根据工作需要和党员人数来确定。在一般情况下,党员超过100人的基层单位,经上级党委批准,可以设立党的基层委员会,基层委员会下面可以分别设立若干个总支部或支部。有党员50人以上的基层单位,可以设立党的总支部,总支部下面可以分别设立若干个支部。有正式党员3人以上又不足50人的基层单位,可以设立党的支部。正式党员不足3人的基层单位,可以与邻近单位的党员组成联合支部。完整健全的基层组织,为中国共产党对广大群众的领导、组织和宣传,提供了保障。

三、党对国家的领导

中国共产党对国家的领导,主要是政治领导和大政方针的领导,并向国家政权机关推荐重要干部。

 第三节

多党合作与政治协商制度

中国共产党虽然居于领导地位,但并不是一党专政。中国共产党领导的多党合作和政治协商制度是中华人民共和国的一项基本的政治制度。

中国共产党领导的多党合作制度就是：中国共产党是中华人民共和国的唯一执政党，八个民主党派在接受中国共产党领导的前提下，具有参政党的地位。

政治协商制度是指，在中国共产党的领导下，各民主党派、各人民团体、各少数民族和社会各界的代表，对国家的重大问题在决策之前举行协商，以及就决策执行过程中的重要问题进行协商的制度。

政治协商以中国人民政治协商会议为组织形式，是多党合作的主要政治内容和组织形式。

一、多党合作制度

中国现有八个民主党派。

它们是：中国国民党革命委员会（简称"民革"），其成员主要是原国民党人士以及与国民党有历史联系的人士；中国民主同盟（简称"民盟"），成员主要是文化教育界的中上层知识分子；中国民主建国会，成员主要是经济界人士以及有关的专家学者；中国民主促进会，成员主要是从事文化、教育、出版、科学和其他工作的知识分子；中国农工民主党，成员主要是医药卫生界和科学技术、文化教育界的中高级知识分子；中国致公党，成员主要是归国华侨、侨眷；九三学社，成员主要是科技界的高中级知识分子；台湾民主自治同盟（简称"台盟"），成员主要是居住在大陆的台湾同胞。

中国各民主党派，大多数是在抗日战争和反对国民党统治时期成立的。新中国成立前夕，各民主党派同中共一道参加了全国政协第一届全体会议，共同宣告了中华人民共和国的诞生。它们参与了"共同纲领"（起了临时宪法的作用）的制定。中国共产党领导的多党合作和政治协商制度由此开始。

中国共产党与各民主党派，分别作为执政党与参政党，合作的政治基础是：坚持社会主义道路和共产党的领导；合作的基本方针是："长期共存、互相监督、肝胆相照、荣辱与共。"中国共产党对各民主党派的领导是政治领导，即政治原则、政治方向和重大方针政策的领导。中国共产党支持民主党派独立自主地处理自己的内部事务，帮助他们改善工作条件，支持他们开展各项活动。

改革开放以来，中共中央在作出重大决策之前，召开的各民主党派、无党派人士参加的协商会、座谈会达数百次，有多名民主党派人士担任国家重要职务。多年来，民主党派人士对三峡工程等国家重点工程进行考察，提出了许多有价值的咨询意见和建议。

二、中国人民政治协商会议

中国人民政治协商会议（简称政协），是中国的爱国统一战线组织，是多党合作和政治协商的主要组织形式,是各党派、各人民团体、各界代表人物参政议政的重要场所。

中国人民政治协商会议标志

政协具有广泛的代表性。目前的全国政协,参加单位来自34个方面。它们是:中国共产党,中国国民党革命委员会,中国民主同盟,中国民主建国会,中国民主促进会,中国农工民主党,中国致公党,九三学社,台湾民主自治同盟,无党派民主人士,中国共产主义青年团,中华全国总工会,中华全国妇女联合会,中华全国青年联合会,中华全国工商业联合会,中国科学技术协会,中华全国台湾同胞联谊会,中华全国归国华侨联合会,文化艺术界,科学技术界,社会科学界,经济界,农业界,教育界,体育界,新闻出版界,医药卫生界,对外友好界,社会福利界,少数民族界,宗教界,特邀香港人士,特邀澳门人士,特别邀请人士。委员共两千余人。

中国人民政治协商会议分为全国委员会和省(自治区、直辖市)级、县(市)级等地方委员会。政协全国委员会对地方委员会的关系和地方委员会对下一级地方委员会的关系是指导关系,没有组织上的隶属和领导关系。

政协全国委员会每届任期五年,每年举行一次全体会议。

民主党派在政协活动时,与在人大不同,是以党派作为参加单位的,因此,在政协会议上,民主党派可以以本党派名义发言、提出议案。

政协作为统一战线组织,不同于国家的权力机关,也不是行政机关,而是一种政治协商机关。在中国,国家的大政方针和重要法案在决策、制定过程中,都要拿到政协举行协商,听取意见和建议。

政协不是也不可能成为资本主义国家两院制议会当中的上议院。在资本主义国家,下议院由按照公民人口比例选出的议员组成,上议院由具备特定资格的上层人物、地方代表和特殊利益集团的代表人物组成,两院互相制约,在性质上都是立法机关和权力机关,拥有立法、监督等权力。中国实行议政、行政合一的人民代表大会制度,政协是统一战线组织,没有决策权、立法权和行政权,它的决议不具有法律效力,也不具有一般上议院所有的监督、审核、质询等权力。在中国政治体制改革的进程中,政协的发展方向是保持和发扬其统一战线的性质,成为各党派、各人民团体、各界代表人物团结合作、参政议政的重要场所,继续发挥其政治协商、民主监督等职能。

(主要资料来源:中国网 http://www.china.com.cn/)

思考题：

1. 中国政党政治的特点是什么？
2. 为什么说中国共产党的领导地位是历史形成的？
3. 中国多党合作的形式主要有哪些？
4. 谈谈你对中国政协机构的看法。

参考资料：

1. 中国网：《政党与社会团体》，http://www.china.org.cn/chinese/zhuanti/zgjk/983662.htm.
2. 尹中卿著：《中国政治制度》，五洲传播出版社，2004。
3. 《中国共产党第十六届中央委员会》，http://news.xinhuanet.com/ziliao/2002—01/22/content—629541.htm.
4. 《民主党派》，http://news.xinhuanet.com/ziliao/2002—01/28/content—256326.htm.

第七章

中华人民共和国主席和政府机构

> **提要** 中华人民共和国主席是国家机构体系中一个独立的部分。在中国,国家主席对内对外代表中华人民共和国。政府机构主要由中央人民政府和地方人民政府、行政监察机关构成。

 第一节

中华人民共和国主席

一、国家主席的地位和职权

中华人民共和国主席,是中华人民共和国对内对外的最高代表。

中华人民共和国主席是国家机构体系中一个独立的部分,其主要职权是:根据全国人民代表大会和全国人民代表大会常务委员会的决定,公布法律;任免国务院总理、副总理、国务委员、部长、各委员会主任、审计长、秘书长;授予国家的勋章和荣誉称号;发布特赦令,宣布进入紧急状态,宣布战争状态,发布动员令;接受外国使节,派遣和招回驻外全权代表,批准和废除同外国缔结的条约和重要协定。

二、国家主席的选举

对中华人民共和国主席和副主席的产生与任期,中国现行宪法规定:中华人民共和国主席由全国人民代表大会选举产生,任期与全国人大相同,即5年,连续任职不得超过两届。

在中国,所有有选举权和被选举权的年满45周岁的中华人民共和国公民都可以被选为中华人民共和国主席。

选举中华人民共和国主席时,由全国人大主席团提名候选人人选,经各代表团酝酿协商后,再由全国人大主席团根据多数代表的意见,确定正式候选人名单。全国人大选举时,采用无记名投票方式,得票超过全体代表半数的候选人,才可以当选,并由会议主持人当场宣布。

中华人民共和国主席缺位时,由副主席继任主席的职位。副主席缺位时,由全国人大补选。中华人民共和国主席、副主席都缺位时,由全国人大补选,补选前,由全国人大常委会委员长暂时代理中华人民共和国主席职位。

 第二节

中央、地方人民政府和行政监察机关

中国建立有完整的行政机关体系。

这一体系是国家机构的重要组成部分,按照职权和管辖范围,有中央人民政府和地方各级人民政府之分。

中国的中央人民政府是国务院。

地方各级人民政府是指省、自治区、直辖市、州、县、区、镇、乡各级人民政府。

为了对国家任命的各级政府工作人员进行监督,从中央到地方的各级政府,均设有行政监察机关。行政监察机关既是政府机构的一部分,也是相对独立的法制监督体系的一部分。

一、中央人民政府——国务院

中华人民共和国国务院是中国最高国家权力机关全国人民代表大会的执行机关,是最高国家行政机关。它由全国人大产生,对全国人大负责并报告工作。

国务院由总理一人、副总理若干人、国务委员若干人、各部部长、各委员会主任、审计长、秘书长组成。每届任期为5年,总理、副总理、国务委员连续任职不得超过两届。

国务院实行总理负责制。总理作为政府首脑,对国务院工作拥有全面领导权、最后决定权和人事提名权,并负全面责任。

国务院设有审计机关,在总理的领导下,依照法律的规定对国务院各部门和地方各级人民政府的财政收支,对国家的财政金融机构和企事业单位的财务收支,进行审计监督。

国务院的机构在建国以后,经过多次调整。现有国务院办公厅和27个部门。

国务院

　　2008年,国务院组建了工业和信息化部、交通运输部、人力资源和社会保障部、环境保护部、住房和城乡建设部,使机构设置更加科学高效,提高了国家宏观管理能力。

　　国务院其他部门是:外交部、国防部、国家发展和改革委员会、教育部、科学技术部、水利部、农业部、商务部、文化部、卫生部、国家人口和计划生育委员会、中国人民银行、审计署、铁道部、监察部、民政部、司法部、财政部、公安部、国家民族事务委员会、国家安全部。

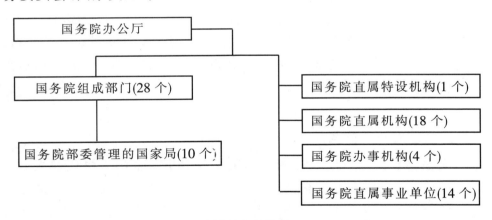

国务院机构设置

　　国务院的每个部设一名部长,数名副部长,每个委员会设一名主任、数名副主任。每个部委设有司(局)、处等下属机构。上述庞大的政府机构每天处理着来自国家各个方面的重大问题,形成了中央政府机构的管理运行系统。

二、地方人民政府

　　中国的地方人民政府是指各省、自治区、直辖市、州、县、区、镇、乡的最高行政领导和管理机关。地方各级人民政府,是地方最高国家权力机关各级人民代表大会及其常务委员会的执行机构,负责并报告工作。

地方各级人民政府的最高行政长官分别称为省长、自治区主席、市长、州长、县长、区长、镇长、乡长等。地方各级人民政府的每届任期,县以上为5年,县以下(包括县)为3年。

地方各级人民政府实行行政首长负责制,并且,常常根据实际需要与上级政府机关相对应地设立各种工作部门,如:厅、局、委(员会)、处、科等。有的省、自治区人民政府,还设有派出机关,称为"行政公署",设专员一人、副专员若干人,代表省、自治区人民政府指导若干县人民政府的工作。派出机关不是一级政府机关,只是上级国家行政机关的代表。市辖区人民政府的派出机关,叫作"街道办事处",它所辖的区域称"街道",街道的居民组织称为"居民委员会"。

三、行政监察机关

根据宪法,中国制定有行政监察制度。

行政监察机关既是政府机构的一部分,也是中国的法制监督体系的一部分,行政监察机关与中国共产党的纪律检查部门、司法部门的职权既有区别,又有交叉,其目的都是促进党和国家机构依法行事。

1986年,全国人民代表大会常务委员会决定设立国家监察部,次年,国务院发出了在县级以上地方各级人民政府设立行政监察机关的通知。1997年,《中华人民共和国行政监察法》颁布实施。中国的行政监察制度得到恢复和完善。

(主要资料来源:中国政府门户网站 www.gov.cn)

思考题:
1. 谈谈全国人民代表大会、中华人民共和国主席和国务院总理的关系。
2. 贵国对内对外的最高代表是什么人?
3. 国务院总理的职责是什么,国务院有哪些机构?
4. 行政监察机关的职权,与中国共产党的纪律检查部门、司法部门的职权有什么关系?

参考资料:
1. 中国网:《政治制度与国家机构》,http://www.china.org.cn/chinese/zhuanti/zgjk/983662.htm.
2. 尹中卿著:《中国政治制度》,五洲传播出版社,2004。

第八章

中国的国防事业

> **提要** 中国国防事业的主体是中国武装力量,中国人民解放军是其中的主要组成部分。中国人民解放军是中国共产党领导的、经过战争考验的人民军队,其最高领导机关是中央军事委员会。中国实行义务兵役制与志愿兵役制相结合的兵役制度。中国奉行防御性的国防政策,致力于维护世界和平。

第一节

中国武装力量

一、中国武装力量的构成

中国国防事业的主体是中国武装力量。

中国武装力量是中国各种武装组织的统称,它由中国人民解放军、中国人民武装警察部队和民兵组成。其中,中国人民解放军是中国武装力量的主体。它的根本任务是保卫国家的主权、领土完整和安全,防御外国侵略,维护国家的安定。

二、中国人民武装警察部队

中国人民武装警察部队是担负国内安全保卫任务的武装部队,正式成立于1983年。目前,包括内卫部队、边防部队、消防部队、警卫部队、森林部队、水电部队、交通部队、黄金部队。简称武警。

其中,内卫部队是武警的主要组成部分。它的主要任务是:警卫党政机关和外国使馆,守卫机场、电视台等重要目标;守护重要桥梁隧道;担负监狱的保卫任务和押解罪犯;对大城市和特定地区实施治安巡查警戒;参与处置突发事件。

中国人民解放军

边防部队的主要任务是：担负边境地区的治安管理；在港口、机场等口岸，对出入境人员和交通工具实施边防检查；对国际国内航班实施安全检查；在领海线内实施巡逻。消防部队的主要任务是：向人民群众宣传安全防火常识，协助有关单位制定防火措施，搞好消防监督和检查，扑救火灾，保卫国家经济建设和人民生命财产的安全。警卫部队主要担负党和国家领导人、省市主要领导及重要来访外宾警卫任务。

黄金部队主要担负黄金地质勘察、黄金生产任务；水电部队主要承担国家能源重点建设项目，包括大中型水利、水电工程以及其他建设任务；交通部队主要担负公路、港口及城建等施工任务；森林部队主要担负东北、内蒙古、云南森林的防火灭火以及维护林区治安、保护森林资源的任务。

武警部队属于国务院编制序列，由国务院、中央军委双重领导。

武警部队设总部、总队（师）、支队（团）三级领导机关。

中国各省、自治区、直辖市都设有武警部队总队，市级设武警支队，县级设武警中队。在执行公安任务和相关业务建设方面，武警部队接受同级公安部门的领导和指挥。

三、民兵

民兵是不脱离生产的群众武装组织，它既是国家武装力量的组成部分，又是预备役的重要组织形式。是人民解放军的助手和后备力量。

民兵分为基干民兵和普通民兵。基干民兵是指 28 岁以下的退伍士兵和接受过基本军事训练的公民。他们是第一类预备役，是随时准备参军参战，执行应急任务的骨干力量。普通民兵是指其余的 28 岁到 35 岁符合服兵役条件的男性公民,属于第二类预备役。

第二节

中国人民解放军军史

在中国的武装力量当中,中国人民解放军是主要组成部分。

中国人民解放军的成长历程可以划分为如下四个阶段。

一、20 年代到 30 年代的国内战争时期

1927 年,第一次国共合作破裂,中国共产党遭受巨大打击。中国共产党从失败中认识到建立独立武装力量的重要性。1927 年 8 月 1 日,中共领导的两万余人在江西省南昌市发动起义,开始建立独立的武装力量。

1928 年 5 月以后,各地起义建立起来的武装陆续改称红军。他们多次打败国民党军队的进攻,不断发展壮大。

毛泽东在军队建立的初期,就提出了党应该对军队拥有绝对的领导权,军队应该有严明的纪律,这样才能把以农民为主要成分的红军建成新型军队。这种的思想,直到今天,仍然在始终如一地贯彻。

1931 年 9 月 18 日,日本军队在今天的辽宁省沈阳市发动"九一八"事变,侵占中国东北的大片土地。中国共产党向国民党提出挽救民族危亡、共同对日作战的主张。但国民党领导人蒋介石坚持他的原有政策,将红军看作主要敌人,继续打击红军。1933 年以后,由于当时的中共中央军事领导人指挥失误,使红军遭受重大损失,被迫离开江西根据地,进行长征。

中国工农红军长征路线图

长征从1934年开始,至1935年结束,历时一年。从中国南方的江西等地开始,到陕西吴起镇为止,行程二万五千里,穿越大半个中国。长征造成红军的大量人员损失,消耗了红军的宝贵力量。但是,通过长征,红军彻底摆脱了思想和组织上的混乱,以精干的人员、顽强的信念和全新的组织在中国北方生存下来。毛泽东因为在长征中表现出来的军事指挥才能,重新成为红军的主要领导人。

二、抗日战争时期

1937年7月7日,日本军队在北平(今天的北京)制造"卢沟桥事变"(也称"七七"事变),发动全面侵华战争。抗日战争全面爆发,中国军队奋起抗击。国民党当局在全国人民要求抗日的压力下,接受了中国共产党提出的抗日主张,国共两党开始了第二次合作。

1937年8月,中共中央召开会议,提出全民抗战、持久抗战的总方针。根据国共两党达成的协议,中国工农红军主力从1937年8月改编为国民革命军第八路军,简称"八路军"。与此同时,长征时留在南方的红军和游击队改编为国民革命军陆军新编第四军,简称"新四军"。

在长达八年的全面抗日战争中,中国共产党领导的抗日武装起到了积极的作用。八路军和新四军以劣势的兵力和装备,积极、勇敢地对日军作战,取得了多次战斗的胜利,极大地鼓舞了全中国人民的抗日斗志。

八路军、新四军臂章

三、解放战争时期

抗日战争和世界反法西斯战争胜利以后,蒋介石领导的国民党政府在美国的支持下,坚持内战方针,企图消灭共产党及其领导的武装力量。中国共产党在同国民党政府进行谈判,争取国内和平的同时,也加强了应变准备。

1946年6月,国民党军队发动全面进攻,解放战争爆发。各地的中共武装陆续改称"中国人民解放军",一直沿用至今。

解放战争经过了三年多时间,至1949年,以中国人民解放军的全面胜利和国民党军队的全面失败而告终。中国人民解放军解放了除西藏(1951年5月和平解放)和台湾以外的全部国土,为新中国的建立,作出了巨大贡献。

四、新中国时期

新中国成立前后,中国人民解放军总兵力为450万人。先后成立了炮兵、装甲兵、防空部队、工程兵、铁道兵,军队结构和能力得到很大提高。

可是,中国人民解放军的这一自身建设被突然爆发的朝鲜战争所打断。1950年10月,中国人民解放军根据朝鲜的请求和中国人民的意愿,决定组成中国人民志愿军,开赴朝鲜,与朝鲜军队一起,抗击以美国为首的"联合国军"。中国人民志愿军参战兵力最高时,达到135万人,取得了在现代条件下以劣势装备战胜优势装备敌人的经验。战争一直持续到1953年7月,朝鲜人民军、中国人民志愿军同美方签订停战协定。

1955年,人民解放军开始实行义务兵役制、薪金制和军衔制。朱德、彭德怀、林彪、贺龙、刘伯承、陈毅、罗荣桓、徐向前、聂荣臻、叶剑英等十人被授予元帅军衔,其他杰出军事领导人被分别授予大将、上将、中将和少将军衔。部队在国内的不同地方举行了数次现代战争条件下的军事演习,并开始生产和装备国产的重型武器,初步改变了武器依赖进口的局面。1957年至1959年,高等军事学院、军事科学院、国防科学技术委员会、国防工业委员会相继成立,大批解放军军官得到正规的培训,国防科学研究事业在艰苦的条件下展开。中国人民解放军向着正规化的方向迈出一大步。

"文化大革命"时期(1966至1976年),军队的建设事业受到很大干扰。军队在不正常的政治条件下,仍然履行着保卫国家安全,抵御外来侵略的使命,数次击退来自敌对势力的进犯。国防科学研究工作继续取得进展,继1964年成功地爆炸了第一颗原子弹之后,1967年成功地爆炸了第一颗氢弹。

中国核武器的数量一直维持在较低水平,完全是出于自卫的需要。中国承诺不首先使用核武器,不对无核武器国家使用或威胁使用核武器。中国不参加核军备竞赛,也从不在国外部署核武器。中国保持精干有效的核反击力量,是为了遏制其他国家对中国可能的核攻击,任何此种行为都将导致中国的报复性核反击。

"文化大革命"结束以后,中国走上改革开放的道路,军队的建设也走上正轨。

随着国际环境的变化,中国人民解放军开始以"精兵政策"作为军队建设的指导思想。1983年,人民解放军组建陆、海、空军的预备役部队,更加适应和平建设的国内外环境。对军队的兵种结构也作了重大调整,人民解放军向着结构精干、装备精良、训练有素、反应灵敏的方向发展。军队建设从建国以来长期的临战准备状态,转入和平建设的轨道。

中国实行积极防御的战略方针,军队规模保持在很低的水平上。从1985年到2005年,中国已经完成三次大规模裁军,共裁军170万人。军队总规模将保持230万人。属于世界上按照人口比例计算军队较少的国家。

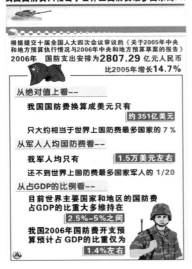

中国的国防费用

冷战前后,中国的国防费用一度占到国家财政支出的43%(1951年)。改革开放以后,中国大幅度降低了国防费用的比例,一直维持在国家财政支出的10%以下。2003年中国国防费用占财政支出的7.74%,2004年占7.72%,2005年占7.34%。2006年安排的国防费用为2807.29亿元人民币,占当年国家财政支出预算的7.4%。从数量上看,中国国防费用换算成美元只有351亿,大约相当于世界上国防费用最多国家的7%;从人均国防费用看,中国军队人均只有1.5万美元左右,还不到世界上国防费用最多国家军人的1/20;从占GDP的比例看,目前世界主要国家和地区的国防费用占GDP的比例大多维持在2.5%至5%之间,而中国2006年国防费用预计占GDP的比重仅为1.4%左右。

中国军队从长期备战状态转入和平建设,不仅为全世界范围内的裁减军备作出了榜样,也为中国本身减轻了负担,促进了国家的经济建设和人民生活的改善。

中国致力于维护世界和平,积极参与联合国在世界各地展开的维持和平行动。从1988年开始到2006年,中国已派出维和人员5000多人次,今仍有1489名维和军事人员在联合国9个任务区执行任务。先后有近10名维和军事人员牺牲,数十人负伤。在目前进行的由联合国主导的维和行动中,中国是联合国安理会五个常任理事国中派兵最多的国家。

中国军人积极参加联合国维和行动

1997年中国政府对香港恢复行使主权和1999年中国政府对澳门恢复行使主权以后,中国人民解放军进驻香港和澳门履行防务。驻军不干预香港、澳门特别行政区的地方事务。两地驻军的费用由中央人民政府负担。

中国人民解放军在解决台湾问题方面负有重要的使命。中国政府解决台湾问题的基本方针是"和平统一、一国两制",但是,如果出现"台独"分裂势力以任何名义、任何方式造成台湾从中国分裂出去的事实,或者发生将会导致台湾从中国分裂出去的重大事变,或者和平统一的可能性完全丧失,中国可以采取非和平方式及其他必要措施,捍卫国家主权和领土完整。

 第三节

中国军事制度

中华人民共和国的军事制度是指国家武装力量的管理方式,国家武装力量结构,以及兵役制度。

一、国家武装力量的管理方式

目前,中国实行国家和中国共产党共同管理全国武装力量的制度。

这种领导是通过中央军事委员来实现的。在中国,中华人民共和国中央军事委员会和中国共产党中央军事委员会是同一机构。

中华人民共和国中央军事委员会是与国务院、最高人民法院、最高人民检察院并列的最高国家机构之一。

中央军事委员会主席没有任职资格的限制。中央军事委员会主席、副主席、委员可连选连任。

二、中国军队的构成

中国人民解放军,由陆军、海军、空军三个军种和第二炮兵一个独立兵种组成。

陆军由步兵、炮兵、陆军航空兵等兵种和专业部队组成。海军由水面舰艇部队、潜艇部队、陆战队等兵种和专业部队组成。空军由航空兵、空降兵等兵种和专业部队组成。第二炮兵以战略导弹部队为主,包括常规导弹部队以及专业部队。

第二炮兵的反舰导弹发射训练

三、兵役制度

中国目前实行义务兵与志愿兵相结合、民兵与预备役相结合的兵役制度。

中国人民解放军平时征集的新兵都是义务兵。公民参加现役和预备役部队，参加民兵组织，学生接受军事训练，都是履行兵役义务。从1999年开始实行的义务兵现役的期限为2年（不分军种）；不需要超期服役。

中国的志愿兵役制是指公民自愿参加军队，担负军事任务的制度。由于义务兵服役时间较短，影响部队保留技术人员。为此，长期服役的义务兵，已经成为重要技术人员的，经本人申请和上级批准，可改为志愿兵。志愿兵服役最高年龄一般不超过35岁。

中国兵役制度未来的发展方向是，建设更加技术化、职业化的军队；提高和稳定军人退役以后的待遇。中国将在保持必要的武装力量的基础上，把更多的力量投入到经济建设中去。

 第四节

军事领导机关

中国军事领导机关是领导、管理中国武装力量的各种机关的统称，主要包括中央军委、国防部、中国人民解放军总参谋部、中国人民解放军总政治部、中国人民解放军总后勤部、中国人民解放军总装备部、中国人民解放军国防科学技术工业委员会和军区。

一、中央军委

中央军委是中华人民共和国中央军事委员会和中国共产党中央军事委员会的简称,是领导全国武装力量的最高军事统帅机构。

从1982年起,中华人民共和国和中国共产党均设立中央军委,在机构上合二为一,其组成人员和对军队的领导职能也完全一致。

二、国防部

国防部成立于1954年,是中华人民共和国国务院的部门之一,负责国防建设方面的具体事务。

国防部工作由解放军"四总部"也就是中国人民解放军总参谋部、总政治部、总后勤部和总装备部分别办理。

三、解放军四总部和国防科工委

中国人民解放军总参谋部(简称总参)是在中央军委领导下,负责组织武装力量建设、实施作战指挥的最高军事领导机关,最高长官称总参谋长。

中国人民解放军总政治部(简称总政)是中央军委的政治工作机关,负责管理军队中党的工作和政治工作,最高长官称总政治部主任。

中国人民解放军总后勤部(简称总后)是负责军队物资、卫生、技术、运输等方面供给的机关,最高长官称总后勤部部长。

中国人民解放军总装备部是为了推动军队的装备现代化,于1998年新成立的部门,负责组织领导全军的武器装备建设工作,最高长官称总装备部部长。

中国人民解放军国防科学技术工业委员会(即中华人民共和国国防科学技术工业委员会)简称国防科工委,受国务院和中央军委双重领导,是统一管理国防科学技术研究和武器装备研制、试验、定型、生产和航天技术发展等工作的领导机关和综合部门,最高长官称国防科工委主任。

四、军区

中国人民解放军的军区(战区)是根据国家的行政区划、地理位置和战略战役方向、作战任务等设置的,也指相应的军队一级组织。

中华人民共和国成立以后,根据军队作战、训练和调动的需要,中国人民解放军军区的设置作过多次调整。从1985年以后,中国人民解放军设有沈阳、北京、兰州、济南、南京、广州和成都七个军区。

(主要资料来源：新华网 http://www.xinhuanet.com/)

思考题：
1. 中国武装力量由哪几部分构成，各自的职能是什么？
2. 中国人民解放军的建立和成长经历了哪几个阶段？
3. 改革开放以后，中国军队发生了哪些变化？
4. 中国军制有哪些特点，与贵国军制有何异同？

参考资料：
1. 彭光谦著：《中国国防》，五洲传播出版社，2004。
2. 《中国国防》，http://news.xinhuanet.com/ziliao/2004—07/29/content—1674299.htm.

第九章

中国的外交

> **提要** 中华人民共和国奉行独立自主的和平外交政策。改革开放以后,多边外交日益活跃,国家统一事业取得重大进展,国际地位不断提高。中国还积极参与联合国事务。中国的最高外交机构是中华人民共和国外交部。

第一节

中国的外交政策

一、和平共处五项原则

新中国的建立,结束了旧中国半封建、半殖民地的历史。独立自主,成为中华人民共和国对外政策的基本原则。

1953年中印谈判中中国政府总理周恩来首次提出和平共处五项原则,并得到印度方面的赞同。1954年这些原则正式写入中印谈判公报,即互相尊重主权和领土完整、互不侵犯、互不干涉内政、平等互利、和平共处。周恩来宣布,中国将以此为标准,开展国际交往,处理国际问题。

和平共处五项原则以"主权国家一律平等"为根本出发点,逐渐成为当代国际关系基本准则和当代国际法基本原则。

二、改革开放以后的丰富和发展

1979年以后,随着中国的改革开放,中国独立自主的和平外交政策有了新的发展。

主要表现在:中国不再以社会制度和意识形态的异同决定国家关系,国家不分大小、强弱、意识形态的异同，应当一律平等、互相尊重、和睦共处、友好合作。中国还认为，和平共处五项原则不仅适用于社会制度不同的国家，也适用于社会制度相同的国家。中国尊重各国根据自己的国情制定的外交政策。

进入21世纪以后，中国倡导建立公正合理的国际政治经济新秩序。在政治方面，积极促进世界多极化，提倡各国相互尊重和协商，不要把自己的意志强加于别人；在经济方面，积极促进全球化，追求共同繁荣，努力使各国特别是发展中国家从中受益，反对造成贫富差距；在文化方面，提倡相互借鉴，共同繁荣，不排斥其他民族的文化；在安全方面，提倡互信、互利、平等和协作的新安全观，通过对话和合作解决争端，不在国家关系中使用武力或者威胁使用武力。反对各种形式的霸权主义和强权政治。

三、同外国建交的原则

中华人民共和国成立的时候，也就是1949年10月1日，中国政府就庄严宣告："本政府为代表中华人民共和国全国人民的唯一合法政府。凡愿遵守平等、互利及互相尊重领土主权等项原则的任何外国政府，本政府均愿与之建立外交关系。"

世界上只有一个中国，台湾省是中华人民共和国不可分割的领土。凡与中国建交的国家，要表明与台湾当局断绝一切外交关系，承认中华人民共和国政府是中国的唯一合法政府。中国政府坚决反对任何制造"台湾独立"、"两个中国"或"一中一台"的言论和行动，也绝不容忍同中国正式建交的国家再同台湾当局建立任何形式的官方关系。

按照上述原则，到2006年8月，中国已经和世界上169个国家建立了外交关系。

第二节

外交历程与成就

新中国的外交历程可以分为三个阶段，从建国到20世纪50年代末为第一个阶段，六七十年代为第二个阶段，从70年代末改革开放到目前，为第三个阶段。

一、从建国到20世纪50年代末

在这个阶段，中国外交的主要任务是结束旧中国的不平等外交，创建新中国独立自主的和平外交。

1949年10月新中国成立后,首先迅速同当时的社会主义国家建交。苏联是第一个承认新中国并互派大使的国家。随后,保加利亚、罗马尼亚、匈牙利、朝鲜民主主义人民共和国、捷克斯洛伐克、波兰、蒙古、阿尔巴尼亚和越南民主共和国也相继承认新中国并互派大使。德意志民主共和国(民主德国)于1949年10月7日成立,中国与民主德国迅速建立了外交关系。中国同南斯拉夫于1955年1月正式建交。

新中国同民族主义国家和资本主义国家,原则上是先谈判后建交,在对方明确承认中华人民共和国中央人民政府是中国的唯一合法政府,明确对台湾问题的态度以后,方才磋商建交日期和互换使节。到20世纪50年代末,中国已经同33个国家建立了正式外交关系。

二、20世纪60年代到70年代

在这段时间内,中国同周边国家建立和发展了友好关系,解决了一些历史遗留问题,特别是边界问题和华侨问题。

关于边界问题,中国主张把历史与现实结合起来,既考虑历史背景,又照顾已经形成的现实情况,并于最终解决前维持现状,不使用武力改变现状。

关于华侨问题,中国的基本主张是:希望华侨自愿选择所在国国籍,取得所在国公民资格,完全忠于所在国,他们同中国的关系,只是亲戚关系;如果他们选择中国国籍,就应当尊重所在国法律,不参加当地的政治活动,但他们的正当权益应该受到尊重和保护。

从上述基本原则出发,中国在20世纪60年代分别与缅甸、尼泊尔、蒙古、巴基斯坦、阿富汗五个国家圆满地解决了边界问题,并与印度尼西亚基本解决了印尼华侨双重国籍问题。

对于60年代初期中国和印度之间不幸发生的边界冲突,中国着眼于谋求和解,努力把冲突控制在一定限度,并使它很快地平息下来。

在这段时间内,中国与西欧、日本的关系有了发展。1964年,法国与中国建立了外交关系,成为中国与西欧关系中的一大突破。对日本,中国通过民间外交的途径,在两国没有外交关系的情况下,保持和增进了交往,为实现中日关系正常化奠定了基础。1972年9月,日本首相田中角荣到中国进行正式访问,双方决定从1972年9月29日起建立外交关系。

70年代初开始的中美关系正常化的过程,是两国调整外交政策的产物。1972年2月,美国总统尼克松访问中国,会见了毛泽东主席,和周恩来总理进行了会谈。中美打破了22年的对立局面。经过反复磋商,中美双方于2月28日在上海签订了《联合公报》(又称《上海公报》)。双方郑重声明:"中美两国关系走向正常化是符合所有国家的利益的。"

中苏两国关系,从50年代末期开始,从友好合作向严重对立演变。新中国成立后,中苏之间一度保持密切的关系。50年代末开始,双方在一系列重大问题上出现分歧。两国边境也发生了多起冲突事件。为争取缓和中苏之间的紧张关系,中国从1969年开始采取主动行动,倡议恢复边界会谈,两国关系的气氛逐步有所缓和。

70年代,中国与外国建交出现了新高潮。1970年至1972年,中国相继与加拿大、意大利、奥地利、比利时、冰岛、马耳他、希腊、德意志联邦共和国(联邦德国)、卢森堡等国建交,与英国和荷兰的关系由代办级升格为大使级。稍后,又与西班牙、葡萄牙和爱尔兰建交,还与欧洲共同体建立了正式关系。基本上完成了与欧洲国家的建交过程。在此期间,还与29个非洲国家及一批美洲、大洋洲国家建立了外交关系。

中国是联合国的创始国和安全理事会五个常任理事国之一。中华人民共和国成立后,中国在联合国的合法席位长期被非法侵占。1971年10月,第26届联合国大会通过决议,恢复了中华人民共和国在联合国的一切合法权利。

1972年2月,周恩来总理在机场迎接美国总统尼克松

三、1979年以后

改革开放以来至目前,是中国自建国以来外交工作最为活跃的时期。

80年代,中国在外交思想、外交政策方面,逐步地进行了调整。

首先是关于战争与和平的问题。中国认为,世界范围内的和平因素超过了战争因素的增长,在比较长的时间内不发生大规模的世界战争是有可能的,维护世界和平是有希望的。

其次,中国认为,和平与发展是当今世界的两大主题,中国根据这种国际形势和客观要求,制定了后来使中国经济高速发展的改革开放政策,同时,积极参与经济全球化。

1982年9月,邓小平会见英国首相撒切尔夫人

在交往、交流的历程中,中国和各国的关系得到极大的恢复、改善和发展:

首先,和发展中国家的关系更加密切。

实行改革开放政策以后,中国改善了和周围国家的关系。同印度尼西亚恢复外交关系并建立战略伙伴关系,同新加坡、文莱建交,同韩国建交并建立全面合作伙伴关系,同越南、蒙古实现关系正常化。苏联解体后,它原来的各个加盟共和国宣布独立,中国尊重它们的选择,宣布承认哈萨克斯坦等国,并同它们建立外交关系。中国与老挝、越南、印度签署协议,缓和了边境局势。对于中国与日本之间的钓鱼岛问题和中国与东南亚一些国家之间的南沙群岛问题,中国从维护周边稳定的大局出发,在坚持主权的前提下,提出了"搁置争议、联合开发"的主张,得到了有关国家的赞同。

1996年,中国成为东南亚国家联盟全面对话伙伴。2004年,中国和东盟签署了自由贸易协定,双方宣布,从2005年至2010年五年间逐步取消大部分双边贸易关税,建立"中国——东盟自由贸易区"。这个自由贸易区建成以后,将惠及17亿消费者。

中国同南亚国家的关系继续发展。1996年,中国和巴基斯坦建立面向21世纪的全面合作伙伴关系,中国和尼泊尔建立世代友好睦邻伙伴关系,中国和印度建立面向未来的建设性伙伴关系。

为了实现朝鲜半岛的无核化,从2003年开始,中国政府发起和组织了中国、美国、俄罗斯、朝鲜、韩国、日本参加的"六方会谈",赢得世界各国的尊重和赞赏。

2006 年 12 月，中美俄朝韩日举行"六方会谈"

2001 年，中国同俄罗斯、哈萨克斯坦、吉尔吉斯斯坦、塔吉克斯坦、乌兹别克斯坦成立"上海合作组织"，六国领导人共同签署了《打击恐怖主义、分裂主义和极端主义上海公约》，突出安全、反恐等政治安全合作主题。目前，上海合作组织已经成为一个重要的国际合作组织，吸引着本地区更多国家的关注，为维护中亚地区的稳定作出越来越大的贡献。

中国同亚洲国家的经贸合作迅速扩大。中国高速发展的经济为周围国家提供了难得的机遇。中国持续保持亚洲最大进口市场的地位，为本地区经济的增长发挥了巨大的推动作用。

中国同西亚北非地区国家关系得到全面、稳定的发展。中国对中东问题采取公正和均衡的政策，全面发展同各类国家的关系，先后同卡塔尔、巴林、沙特阿拉伯和以色列建立外交关系。中国支持阿拉伯国家和巴勒斯坦人民争取民族权利的斗争，向被占领领土的巴勒斯坦人提供物资援助。另一方面，也主张巴勒斯坦和以色列承认相互的生存权。中国积极支持伊拉克战后重建，在伊朗核问题、苏丹达尔富尔问题和叙利亚问题上，中国尊重这些国家的主权和尊严，坚持国际社会应该通过政治和外交方法解决问题，反对过多使用制裁手段，反对使用武力。

中国同撒哈拉以南非洲国家的关系得到进一步巩固和加强。该地区共有 46 个国家，其中的 41 个已经和中国建交。从 2005 年开始，对非洲 25 个最不发达国家出口中国的部分商品，中国实行免关税待遇，帮助这些国家尽快摆脱贫困。中国加强了在非洲国家农业、基础设施建设、电信、能源等领域的投资与合作。中国帮助非洲国家培养更多管理人才。中国向刚果(金)、利比里亚和苏丹派出近千人的联合国维持和平部队,并提供大量的捐款和援助物资。

20世纪80年代以来,中国同拉丁美洲和加勒比地区国家的关系得到迅速发展。与中国建交国家已经增加到20个。一些同中国未建交的国家也开始考虑同中国发展关系。2005年,中国和智利签署自由贸易协定,智利成为第一个和中国签署自由贸易协定的拉美国家。截止2005年底,已经有15个拉美和加勒比国家承认中国的市场经济地位。

其次,中国和发达国家的关系得到逐步改善。

中国和美国分别是世界上最大的发展中国家和发达国家,中美关系是当今世界最重要的国家关系之一。中美建交以来,两国关系历经波折和起伏,但总的趋势是向前发展的。作为联合国安理会常任理事国,中美两国对维护世界和平与稳定负有重大责任。

中美贸易额由1979年建交时的24亿美元迅速上升到2005年的2116亿美元,增长了80多倍,形成了"你中有我、我中有你"的互利互补格局。

与此同时,中美关系也面临问题与挑战,台湾问题始终是中美关系中最重要、最敏感的核心问题。台湾问题关系到中国的主权和领土完整,美国政府多次重申,美方坚持一个中国政策,理解中方在台湾问题上的关切。

中俄关系逐渐恢复。1989年苏联总统戈尔巴乔夫访华,同邓小平举行会晤,双方实现关系正常化。1991年,苏联解体,中国政府宣布承认俄罗斯联邦政府,并与之建立外交关系。中俄关系进入相互尊重,睦邻友好的新阶段。

中俄双方相互支持对方为捍卫国家独立、主权和领土完整所作的努力。俄在台湾、西藏、人权等问题上明确支持中国的立场,规定俄不同台湾建立官方关系。中国明确表示车臣问题是俄内部事务,支持俄为维护国家统一所采取的措施和行动。截止2005年,两国解决了历史遗留下来的全部边界问题。

中俄之间,交通便利,互补性强,发展经贸合作具有广阔的前景。2005年双边贸易额为291亿美元,俄罗斯成为中国第八大贸易伙伴。

1975年,中国与欧盟的前身——欧洲经济共同体建立了正式关系,是第一个承认欧洲经济共同体的社会主义国家,至今已经30多年。中国和欧洲是世界上两大市场。目前,经过扩大的欧盟已成为中国最大的贸易伙伴。中国和欧洲都有悠久的历史和辉煌的文化艺术,在科技教育这些方面各有所长,可以相互借鉴和交流。

当然欧盟在对中国政策上也有其局限性,主要表现在,还没有承认中国的完全市场经济地位,也没有解除从20世纪80年代末开始实施的武器禁运。不过,只要双方用长远眼光来处理存在的问题,双方的差异和问题就不会成为障碍。

日本是中国的重要邻国,两国邦交正常化以来,中国政府十分重视发展中日关系。90年代以后,中国经济的高速发展为日本企业带来新的发展机遇。2004年以后,中国超过美国,成为日本最大的出口市场,并且两国经贸合作始终保持较高的增长速度。2005年,双边贸易额达到1844.4亿美元,比上一年增长9.9%,日本继续保持顺差。

中日两国民间交往活跃,2005年以后每天超过10000人次,双方已经缔结友好城市228对,居对外友好城市的第一位。

近三十年来,中国同加拿大、澳大利亚、新西兰等国的关系也取得了令人满意的发展。

第三,中国倡导的多边外交出现新局面。

传统上,双边外交是中国处理外交事务的主要手段。但是,随着综合国力的提升和对外关系的全面开展,从上世纪90年代中期开始,中国在多边外交的舞台上不断取得成果。

在政治与安全领域,成功组织了多次朝鲜核问题"六方会谈",以积极的姿态参与东盟地区论坛,大力推动上海合作组织在政治和安全等领域的合作。在经济发展领域,中国积极推动中国—东盟自由贸易区的建设。

同时,以联合国为中心,注重参与国际组织及国际机制的建设。中国加强了在世界贸易组织和国际奥委会的活动,维护了中国和其他发展中国家的合法权益。

开展跨地域的南北对话和洲际合作也是多边外交的重要形式。2005年以来,代表发达国家的八国集团(美国、日本、俄罗斯、德国、英国、法国、意大利、加拿大)与中国、印度、巴西、南非、墨西哥五个国家展开多次对话(简称"8＋5"对话)。

中华人民共和国与各国建立外交关系日期简表

（按亚洲、非洲、欧洲、美洲及大洋洲次序排列。同一洲的国家以其国名简称的英文字母为序）

（截至2006年8月9日）

	国　名	建　交　日
亚洲	阿富汗	1955.1.20
	亚美尼亚	1992.4.6
	阿塞拜疆	1992.4.2
	巴林	1989.4.18
	孟加拉国	1975.10.4
	文莱	1991.9.30
	柬埔寨	1958.7.19
	塞浦路斯	1971.12.14
	朝鲜	1949.10.6
	东帝汶	2002.5.20
	格鲁吉亚	1992.6.9
	印度	1950.4.1
	印度尼西亚	1950.4.13
	伊朗	1971.8.16
	伊拉克	1958.8.25
	以色列	1992.1.24
	日本	1972.9.29
	约旦	1977.4.7
	哈萨克斯坦	1992.1.3
	科威特	1971.3.22
	吉尔吉斯斯坦	1992.1.5
	老挝	1961.4.25
	黎巴嫩	1971.11.9
	马来西亚	1974.5.31
	马尔代夫	1972.10.14
	蒙古	1949.10.16
	缅甸	1950.6.8
	尼泊尔	1955.8.1
	阿曼	1978.5.25
	巴基斯坦	1951.5.21
	巴勒斯坦	1988.11.20
	菲律宾	1975.6.9
	卡塔尔	1988.7.9
	韩国	1992.8.24
	沙特阿拉伯	1990.7.21
	新加坡	1990.10.3
	斯里兰卡	1957.2.7
	叙利亚	1956.8.1
	塔吉克斯坦	1992.1.4
	泰国	1975.7.1
	土耳其	1971.8.4
	土库曼斯坦	1992.1.6
	阿拉伯联合酋长国	1984.11.1
	乌兹别克斯坦	1992.1.3
	越南	1950.1.18
	也门	1956.9.24

续表

	国　名	建　交　日
非洲	阿尔及利亚	1958.12.20
	安哥拉	1983.1.12
	贝宁	1964.11.12
	博茨瓦纳	1975.1.6
	布隆迪	1963.12.21
	喀麦隆	1971.3.26
	佛得角	1976.4.25
	中非	1964.9.29
	乍得	1972.11.28
	科摩罗	1975.11.13
	刚果（布）	1964.2.22
	刚果（金）	1961.2.20
	科特迪瓦	1983.3.2
	吉布提	1979.1.8
	埃及	1956.5.30
	赤道几内亚	1970.10.15
	厄立特里亚	1993.5.24
	埃塞俄比亚	1970.11.24
	加蓬	1974.4.20
	加纳	1960.7.5
	几内亚	1959.10.4
	几内亚比绍	1974.3.15
	肯尼亚	1963.12.14
	莱索托	1983.4.30
	利比亚	1978.8.9
	马达加斯加	1972.11.6
	马里	1960.10.25
	毛里塔尼亚	1965.7.19
	毛里求斯	1972.4.15
	摩洛哥	1958.11.1
	莫桑比克	1975.6.25
	纳米比亚	1990.3.22
	尼日尔	1974.7.20
	尼日利亚	1971.2.10
	卢旺达	1971.11.12
	塞内加尔	1971.12.7
	塞舌尔	1976.6.30
	塞拉利昂	1971.7.29
	索马里	1960.12.14
	南非	1998.1.1
	苏丹	1959.2.4
	坦桑尼亚	1964.4.26
	多哥	1972.9.19
	突尼斯	1964.1.10
	乌干达	1962.10.18
	赞比亚	1964.10.29
	津巴布韦	1980.4.18

续表

	国　名	建　交　日
欧洲	阿尔巴尼亚	1949.11.23
	安道尔	1994.6.29
	奥地利	1971.5.28
	白俄罗斯	1992.1.20
	比利时	1971.10.25
	波斯尼亚和黑塞哥维那	1995.4.3
	保加利亚	1949.10.4
	克罗地亚	1992.5.13
	捷克	1949.10.6
	丹麦	1950.5.11
	爱沙尼亚	1991.9.11
	芬兰	1950.10.28
	法国	1964.1.27
	德国	1972.10.11
	希腊	1972.6.5
	匈牙利	1949.10.6
	冰岛	1971.12.8
	爱尔兰	1979.6.22
	意大利	1970.11.6
	拉脱维亚	1991.9.12
	列支敦士登	1950.9.14
	立陶宛	1991.9.14
	卢森堡	1972.11.16
	马其顿	1993.10.12
	马耳他	1972.1.31
	摩尔多瓦	1992.1.30
	摩纳哥	1995.1.16
	黑山	2006.7.6
	荷兰	1972.5.18
	挪威	1954.10.5
	波兰	1949.10.7
	葡萄牙	1979.2.8
	罗马尼亚	1949.10.5
	俄罗斯	1949.10.2
	圣马力诺	1971.5.6
	塞尔维亚①	
	斯洛伐克	1949.10.6
	斯洛文尼亚	1992.5.12
	西班牙	1973.3.9
	瑞典	1950.5.9
	瑞士	1950.9.14
	乌克兰	1992.1.4
	英国	1972.3.13
	塞浦路斯	1971.12.14

① 1955年1月2日,我与南斯拉夫联邦人民共和国(后改称南斯拉夫社会主义联邦共和国)建交。1992年4月27日,南斯拉夫联盟共和国宣布成立。中国驻原南斯拉夫大使馆改为驻南联盟共和国大使馆,中国驻原南斯拉夫大使改任驻南联盟共和国大使。2003年2月4日,南斯拉夫联盟共和国将国名改为塞尔维亚和黑山。2006年6月3日,黑山共和国宣布独立。6月5日,塞尔维亚共和国宣布继承塞黑的国际法主体地位。

续表

	国　名	建　交　日
美洲	安提瓜和巴布达	1983.1.1
	阿根廷	1972.2.19
	巴哈马	1997.5.23
	巴巴多斯	1977.5.30
	巴西	1974.8.15
	玻利维亚	1985.7.9
	加拿大	1970.10.13
	智利	1970.12.15
	哥伦比亚	1980.2.7
	古巴	1960.9.28
	多米尼克	2004.3.23
	厄瓜多尔	1980.1.2
	格林纳达	1985.10.1
	圭亚那	1972.6.27
	牙买加	1972.11.21
	墨西哥	1972.2.14
	秘鲁	1971.11.2
	圣卢西亚	1997.9.1
	苏里南	1976.5.28
	特立尼达和多巴哥	1974.6.20
	美国	1979.1.1
	乌拉圭	1988.2.3
	委内瑞拉	1974.6.28
大洋洲太平洋岛屿	澳大利亚	1972.12.21
	库克群岛	1997.7.25
	斐济	1975.11.5
	密克罗尼西亚	1989.9.11
	新西兰	1972.12.22
	巴布亚新几内亚	1976.10.12
	萨摩亚	1975.11.6
	汤加	1998.11.2
	瓦努阿图	1982.3.26
	瑙鲁	2002.7.21

第三节

中国与联合国

一、联合国的创立和机构

1945年10月24日，在中国和苏联、美国、英国、法国五个世界反法西斯战争战胜国的倡导下，联合国正式成立。经过60年的发展，到2006年8月，联合国共有会员国192个，还有2个常驻联合国观察员国：梵蒂冈和巴勒斯坦。联合国发展成为全世界最大的主权国家组成的政府间组织。

联合国标志

联合国使用底色为浅蓝色的长方形旗帜，正中的图案是一个白色的联合国徽记。联合国总部设在美国纽约。

联合国设有秘书处，是联合国的行政机构，设秘书长一人，作为联合国的行政首长。联合国大会由全体会员国组成，是联合国的主要审议机构，每年举行一次。大会主席由全体会员国选举产生，任期一年。

联合国惟一有权采取行动以维护国际和平与安全的机构是安全理事会，简称安理会。安理会由中国、俄罗斯、美国、英国、法国五个常任理事国和十个非常任理事国组成。由于中国、俄罗斯、美国、英国、法国的特殊地位和作用，这五个国家在安理会内享有对提案的否决权。由安理会通过的决议对联合国全体成员国具有约束力。

二、中国和联合国的关系

中国认为，60多年来，联合国在维护国际和平，制止侵略行为，促进国际合作等方面做出了不懈的努力，成为全世界促进和平与发展的最为重要的国际组织。

中国作为联合国安理会常任理事国，大力推行以维护联合国为中心的多边主义，反对单边主义和霸权主义，致力于推动国际关系的民主化与法制化。中国既维护国际和平与稳定，也维护自身的国家利益；既维护发展中国家的利益，也从全局出发解决国际社会的实际问题。90年代以来，中国积极参与了在柬埔寨、东帝汶、海地、刚果（金）、黎巴嫩等国的联合国维和行动。在一些国家不太愿意提供医护人员和工程人员的情况下，中国向各个维和区派出了2000余人次的军事观察员和工程、医疗部队，足迹几乎遍及所有的热点地区。

作为联合国成员国和安理会常任理事国，中国愿意为联合国的改革与发展做出更大贡献。

第四节

政府外交机构

一、外交部

中华人民共和国外交部是中国政府的最高外交代表机构。

中国外交部

二、地方外事部门

全国各省、自治区、直辖市设有外事办公室,负责办理本地区的涉外事务,业务上受外交部领导。

外交部还在各特别行政区设立特派员公署,它是处理由中央政府负责管理的与该特别行政区有关的外交事务机构,也是该特别行政区政府就此类外交事务与中央政府联系的渠道。

(主要资料来源:中华人民共和国外交部 http://www.mfa.gov.cn/chn/default.htm 《中国外交(2006年版)》)

思考题：

1. 中国奉行什么样的外交政策？
2. 中国在自己的外交历程中,取得了哪些成就？
3. 改革开放以后,中国的外交思想和外交实践发生了哪些变化？
4. 你如何评价贵国和中国的外交关系？
5. 中国在联合国中占有什么样的地位？

参考资料：

1. 中国网:《中国与世界》,http://www.china.org.cn/chinese/zhuanti/zgjk/983662.htm。
2. 周溢潢著:《中国外交》,五洲传播出版社,2004。
3. 吴洲编:《当代中国外交概况》,五洲传播出版社,2001。
4. 张锡昌著:《中国——法国》,五洲传播出版社,2004。
5. 张庭延著:《中国——韩国》,五洲传播出版社,2004。

第二单元练习

一、选择正确答案：

1. 宪法规定，中国的最高权力机构是　　　　　　　　　　　　　　　　（　　）
   A. 中华人民共和国中央军事委员会
   B. 全国人民代表大会
   C. 中国共产党全国代表大会
   D. 中华人民共和国国务院

2. 全国人民代表大会中，应该有以下哪一个代表团？　　　　　　　　　（　　）
   A. 中国人民解放军代表团　　　　B. 壮族代表团
   C. 妇女代表团　　　　　　　　　D. 大连市代表团

3. 1924年，中国共产党和国民党的第一次合作主要是为了　　　　　　（　　）
   A. 选举中国的领导人
   B. 扫除广东以北的军阀势力，统一管理中国
   C. 建立共同的军队
   D. 推动中国经济恢复和发展

4. 中国共产党取得中国的执政党地位是在哪一年？　　　　　　　　　（　　）
   A. 1921年　　　　　　　　　　　B. 1945年
   C. 1949年　　　　　　　　　　　D. 1950年

5. 国家主席公布法律和任免人员时，是根据　　　　　　　　　　　　（　　）
   A. 全国人民代表大会或者全国人民代表大会常务委员会的决定
   B. 国家主席本人的意见
   C. 中国共产党中央委员会的建议
   D. 国务院的决定

6. 如果可以连任，中国国家主席的最长工作年限是多少年？　　　　　（　　）
   A. 四年　　　　　　　　　　　　B. 八年
   C. 十年　　　　　　　　　　　　D. 无限制

7. 法律规定，国家正、副主席均缺位的时候，由以下何人代理其职权？（　　）
   A. 国务院总理　　　　　　　　　B. 中央军委主席

C. 外交部长 D. 全国人大常委会委员长

8. 在中国,实行"总理负责制"的行政机关是 （　　）
   A. 总理办公室 B. 各省、自治区、直辖市政府
   C. 中华人民共和国国务院 D. 全国人民代表大会

9. 中国武装力量包括哪些部分？ （　　）
   A. 陆军、海军、空军和第二炮兵部队
   B. 中国人民解放军、武装警察部队和民兵
   C. 中国人民解放军、武装警察部队
   D. 中国人民解放军和民兵

10. 统辖管理中国武装力量的最高机构是什么？ （　　）
    A. 中华人民共和国中央军事委员会
    B. 中国共产党中央军事委员会
    C. 中国人民解放军总政治部
    D. 包括 A 和 B

11. 从1999年开始,中国开始实行新的义务兵服役期限,不分军种,一律修改为 （　　）
    A. 4 年 B. 3 年
    C. 2 年 D. 1 年

12. 最早和中华人民共和国建交的国家是 （　　）
    A. 美国 B. 英国
    C. 苏联 D. 法国

13. 中国和美国、日本建交的时间在20世纪的 （　　）
    A. 60 年代 B. 70 年代
    C. 80 年代 D. 90 年代

14. 按照联合国宪章的精神,中国在联合国安理会拥有否决权,拥有这种权力的国家一共有几个？ （　　）
    A. 3 个 B. 5 个
    C. 10 个 D. 15 个

二、判断正误：
 1. 中国共产党中央委员会拥有修改中华人民共和国宪法的权力。　　（　）
 2. "一国两制"给香港以很大的自治权，也包括军事和外交。　　（　）
 3. 中国的最高刑罚是死刑。　　（　）
 4. 中国审判制度规定，在审判过程中可以使用普通话，也可以使用少数民族语言。　　（　）
 5. 中国共产党成立的时候，毛泽东思想就被确立为党的指导思想。　　（　）
 6. 中共中央直属机构包括中央组织部、中央宣传部、中央统一战线工作部和外交部。　　（　）
 7. 除中国共产党以外，中国还有八个民主党派。　　（　）
 8. 解放战争是指反抗日本帝国主义侵略的战争。　　（　）
 9. 中国人民解放军第二炮兵是独立兵种，不属于陆军、海军或空军。　　（　）
10. 中国于1999年12月恢复对澳门行使主权。　　（　）

第三单元

中国经济

第十章

中国经济概论

> **提要** 中国在1949年以后,建立和巩固了真正的主权国家,为中国经济建设提供了前提和保障,使中国经济在建国以后的三十多年里取得了应有的基础性成就。在认识到计划经济体制逐渐不适应中国经济的发展以后,中国实行了从农业到工业进而是全面的改革开放,逐步建立起社会主义市场经济体制。中国的改革开放政策为国家经济带来了连续二十多年平均9%以上的高速增长,国力显著增强,并显示出可持续发展的良好前景。

第一节

计划经济时期

一、背景

经济发达、国家富强是每一个民族向往的目标。

1840年鸦片战争以来,古老的中国在与世界强国的冲突中,屡战屡败,激发了知识分子和工商界人士赶超列强的雄心。但"教育救国"、"工业救国"、"科技救国"的种种梦想终于破灭了。原因首先不在经济方面,而在政治方面。现代经济学说认为:主权国家是现代经济增长的重要因素。它可以发挥公证人的作用,和平地安排和引导变化,为必不可少的基础设施承担直接责任。一个半封建半殖民地的、政治腐败、四分五裂的国家是不可能实现经济起飞的。

据统计,在新中国成立前,中国的投资率不超过5%,整个20世纪30年代,只有人均5美元的投资水平,只及印度的一半,澳大利亚的百分之一。并且资金分布、投资结构也不平衡,约有46%的外国资本直接投资在上海,36%在东北,其余18%分布在中国其他地区。投资的方向以贸易、银行业、运输和通信为主。外国势力长期控制中国海关,直到1929年,中国才重新获得关税自主权。1937

年时,只有三分之一的海关官员是华人。大量的财富流入国内外官僚的手中。这样的经济,不仅没有能力增长,维持简单再生产都非常困难。中国急需独立控制经济资源,提高投资率,扩大再生产,使经济进入良性循环的轨道。

导致中国选择相对比较封闭的计划经济道路的另外一个重要原因是国际环境。由于1950—1953年"抗美援朝"战争的影响和战争之后出现的冷战局面,中国经济对外交流、合作和贸易的机会非常少。抗美援朝战争开始后,美国操纵英、法、日等36个国家,长期对中国实行封锁禁运的政策。中国扩大和苏联等国家的贸易,进口西方国家所禁运的各种战略物资。同时充分利用香港、澳门地区的转口贸易。虽然这些措施发挥了一定的作用,逐渐将旧中国的长期逆差转变为进出口大体平衡,但是贸易数额很低。在西方禁运最严重的1951年,中国对外贸易数额只有19.55亿美元。这种规模的贸易和交流,使中国无法从第二次世界大战之后快速发展的世界经济当中,获得有效的资金和技术支持,只能选择自力更生的道路,依靠国内力量和市场,建立独立的经济体系。

二、计划经济体制

对于中国的富强来说,首先需要的是一个政治独立、强大有效的国家机器,并从根本上改变原有的财富分配格局。新中国的成立为实现这一目标创造了基本条件。对于新中国这样一个由半封建半殖民地脱胎出来的大国来说,建国初期的首要任务是建设一个强大的国防和基础设施,如铁路、公路、通信邮电和基本的城市设施。为了实现这些目标,中国需要建立一个独立的工业体系。

从1949年新中国成立到20世纪70年代末的30年时间里,中国的工业化正是为这些目标服务的。新中国成立后30年的工业化努力,达到了拥有原子弹、人造地球卫星的水平,但是,对于人民生活的改善,贡献不大。这样的水平,只能称为初步的工业化。这一阶段建立的工业体系,不是意味着工业化任务的完成,恰恰相反,它仅仅是中国全面工业化的开始。

计划经济体制的特征是,国家是动员资源和管理经济的主体。这种经济体制一直实行到80年代。在这30多年当中,中国成长为一个强大的主权国家;国民经济的投资率,从旧中国的不足5%上升到30%以上,成为世界上投资率最高的国家之一。

20世纪70年代末到80年代初的时候,中国经济实力积累到新的水平,人均国民收入提高到300美元以上,工业化自身的趋势性力量逐渐显示出来,计划经济体制的问题开始暴露。在国家安全和政治独立已经实现和巩固的情况下,中国把进一步工业化的目的,转向满足人民不断增长的物质文化需要,谨慎地展开了经济体制改革。

中国生产的旧解放牌卡车

新解放牌卡车

第二节

改革开放

一、提出改革开放政策

中国的改革开放政策,是 1978 年 12 月 18 日在中国共产党第十一届中央委员会第三次全体会议(简称"中共十一届三中全会")上正式提出的。这次具有历史意义的会议,提出把工作重点转移到社会主义经济建设上来,确定实行改革开放政策,决心解决当时存在的国民经济比例严重失调问题。中共十一届三中全会以后,中国经济开始了新的发展时期,并取得了重大成就。

二、改革开放的历程

中国的改革开放,经历了从农村改革到城市改革,从经济体制的改革到各方面体制的改革,从对内搞活到对外开放的历史进程。

改革从农村开始。主要措施是废除计划经济时期实行的农村人民公社制度,实行"家庭联产承包责任制"。这种政策的内容是,不实行土地私有化,同时,将土地的经营权分散到各个农民家庭,使农民获得对土地的经营自主权,放开大部分农产品价格。这些措施在很短时间内发挥了巨大的作用,调动了农民的生产积极性,解决了长期存在的农产品不足,特别是粮食不足问题,带动了整个改革和建设事业。与此同时,随着改革的深入,在几千年来只有单一农业经营方式的农村,乡镇企业异军突起,为农村剩余劳动力从土地上转移出来,为农村致富和逐步实现现代化,开辟了新的道路。

中共十一届三中全会

在学习了农村实行承包制的经验之后,中国在城市范围内实行了成功改革,调整了轻重工业的投入,使轻工业和重工业的比例逐渐平衡,扭转了计划经济时期长期存在的重视重工业、轻视轻工业的"重重轻轻"现象,众多消费品由供不应求变为供求基本平衡,个别商品甚至出现供过于求的情况,使人民生活水平得到明显改善。同时,也改革了计划经济时期长期存在的平均主义分配方式,在工资、奖金方面,给予企业更大的自主权,允许他们采用更多的激励措施来提高生产效率、奖励发明创造。

在总结农村和城市工业改革经验的基础上,中国在20世纪80年代中期通过了关于经济体制改革的决定。这个决定突破了把计划经济同商品经济对立起来的传统观念,为全面经济体制改革提供了理论指导。接着,中国相继改革了科技体制和教育体制,进一步提出政治体制改革的目标。

对外开放的重大步骤,是兴办深圳、珠海、汕头、厦门四个经济特区。这是利用国外资金、技术、管理经验来发展社会主义经济的崭新试验,取得了很大成就。在兴办经济特区之后,中国相继开放沿海十几个城市,批准海南建省并成为经济特区。这些措施使拥有两亿人口的中国沿海地区迅速发展。

进入21世纪以后,中国加入世界贸易组织,进一步将中国经济融入世界经济体系当中。目前,中国每年吸引外来投资数量在500至600亿美元,进出口总额居世界第三位。中国已经成为全球最受欢迎的投资目的地和发展最快的市场。

三、改革开放的巨大成就

改革开放以来,中国的经济建设和社会发展取得了巨大成就。国内生产总值由 1978 年的 3624 亿元上升到 2000 年的 99215 亿元,再上升到 2007 年的 246600 亿元。进出口贸易总额从 1978 年的 206 亿美元上升到 2007 年的 21700 亿美元。国家外汇储备从 1978 年的 1.67 亿美元,上升到 2007 年的超过 15200 亿美元。中国经济形成了对外开放和高速发展的良好局面,国家综合实力明显增强。

中国的经济总量已经超过意大利、法国和英国,上升到世界第四位。人均 GDP 进入 1000 美元—3000 美元的新的发展阶段。

一些主要农业和工业产品,如粮食、肉类、棉花、水果、钢铁、煤炭、水泥、化肥、电视机,产量跃居世界第一位。

同时,通过发展轻工业,扩大进口,加强基础产业、基础设施建设,大力发展第三产业等措施,中国的经济结构更加协调,并向优化和升级的方向发展。

中国各产业之间及其内部的比例关系都有了明显的改善,其中第一产业比重明显下降,第二、第三产业比重上升;国民经济总量增长从主要由第一、第二产业带动,转为主要由第二、第三产业带动,第二产业的增长构成了中国经济高速发展的主要动力。

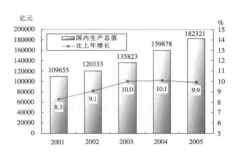

中国经济总量的发展

在整体产业结构变化的同时,各产业内部的结构也发生了较大的变化。在农林牧渔业总产值中,种植业产值比重下降,林牧渔业比重上升;在工业内部,轻重工业结构正逐步由偏重"消费补偿"的轻型结构,向"投资导向"的重型结构升级;在第三产业内部,交通运输业、商业等传统产业比重下降,房地产业、金融保险业、电信业等迅速发展。

根据邓小平建设有中国特色社会主义的理论,1987 年召开的中共十三次全国代表大会,确立了中国经济建设规划:第一步目标实现国内生产总值比 1980 年翻一番,解决人民的温饱问题,这在 80 年代末已基本实现;第二步目标,到 20 世纪末国内生产总值比 1980 年翻两番,也已在 1995 年提前完成。

第三步目标,到 21 世纪中叶基本实现现代化,人均国内生产总值达到中等发达国家水平,人民过上比较富裕的生活。近期目标是:到 2010 年,实现国内生产总值比 2000 年翻一番,使人民的小康生活更加宽裕;到 2020 年实现国内生产总值比2000年翻两番,达到40000亿美元,人均国内生产总值达到3000美元,形成完善的社会主义市场经济体制。

(主要资料来源:李京文《走向21世纪的中国经济》,中央政府门户网站 www.gov.cn)

思考题:
1. 改革开放以前的中国经济,有哪些成就和问题?
2. 中国的改革开放遵循什么样的步骤,要达到什么样的目标?
3. 中国经济发展的经验有哪些?
4. 你认为中国经济的前景如何?

参考资料:
1. 中国网:《国民经济,对外开放》,http://www.china.org.cn/chinese/zhuanti/zgjk/983662.htm.
2. 王梦奎等著:《中国经济》,五洲传播出版社,2004。
3. 《中国世界贸易组织研究会》,http://www.chinawto.org.cn/.

第十一章

农 业

> **提要** 改革开放以后,中国农业用世界7%的耕地解决了世界22%人口的吃饭问题。在产值、产量继续增长的同时,农业产业结构发生了巨大的变化,农业的比较利益下降,劳动力大量流向非农产业。虽然近年来中国政府采取了很多措施,但是中国的三农问题,也就是农业、农村、农民问题,形势依然严峻。

第一节

中国农业的成就

在历史上,中国是一个农业国家。一直到今天,大部分的中国人口仍然居住在农村,长期以来,庞大人口的吃饭穿衣问题,是中国经济面对的重要挑战。

与世界各国相比,中国发展农业的条件并不理想。中国山地多,平地只占国土面积的34%;全国50%以上的地方比较干旱。中国人多地少的矛盾十分突出。印度的可耕地占国土面积的一半以上,欧洲的可耕地的比例超过四分之一,与中国面积相当的美国,可耕地的面积是中国的两倍。中国的耕地,占中国国土面积的10%,占世界耕地总数的9%,人均占有量只有1.3亩,比美国人均12.6亩和世界平均数4.52亩低得多,却需要养活占世界22%的人口,这是中国农业需要面对的沉重压力。

改革开放以来,中国农业不仅解决了13亿人口的吃饭穿衣问题,而且,农业结构得到改善,农、林、牧、副、渔得到全面发展,农民收入有所增加,农村面貌发生很大变化。

种植业是中国最重要的农业生产部门,主要粮食作物有水稻、小麦、玉米、大豆,经济作物有棉花、花生、油菜、甘蔗和甜菜等等。以2007年为例,全国粮食产量达到50150万吨,相当于13亿中国人每人拥有771斤粮食。同时,棉、油、糖、麻、烟、果、蔬等经济作物也获得较快发展,农产品质量进一步提高。

畜牧业保持了较高的发展速度。中国草场面积广大,占全国总面积近四分之一,四大牧区为:内蒙古牧区、新疆牧区、青海牧区和西藏牧区,可提供大量的牲畜、肉乳和毛皮。以2005年为例,中国肉类总产量占世界的28%,禽蛋总产量占世界的30%以上,均名列世界首位。畜牧业产值占农林牧渔业产值已达到33.8%,畜牧业已经成为农业的重要支柱。

中国是一个森林比较少的国家,天然林集中分布在东北和西南地区。中国连续多年大面积营造防护林、水源林和水土保持林,已经成为世界上人工林面积最大的国家。与此同时,由于中国有"竹子王国"之称,竹林面积和产量,约占世界三分之一左右,中国正在更多开发使用生长迅速的竹子,替代大量使用木材。

中国近海海域面积广大,浅海渔场有150万平方公里,占世界浅海渔场面积的四分之一。海洋水产极为丰富,拥有带鱼、大黄鱼、小黄鱼、墨鱼四大经济鱼类。众多的河流、湖泊为发展淡水水产业提供了有利条件。目前,中国水产品出口总额约占世界水产品出口总额的10%,位居世界首位。

1949—2002年主要农产品产量增长简表

单位:万吨

品种	1949年	1978年	2000年	2001年	2002年
粮食	11318	30477	46218	45264	45706
棉花	44.4	216.7	441.7	532.4	491.6
油料	256.4	521.2	2954.8	2864.8	2896.4
甘蔗	264.2	2111.2	6828.0	7566.3	9011.0
甜菜	19.1	270.2	807.3	1088.9	1282.0
烤烟	4.3	105.2	223.8	204.5	213.5
茶叶	4.1	26.8	68.3	70.2	74.5
水果	120.0	657.0	6225.1	6658.0	6952.0
肉类	220.0	856.3	6124.6	6333.9	6586.5
水产品	45.0	465.4	4278.5	4381.3	4564.5

 第二节

农业发展所面对的困难

中国农业生产虽然取得一些成绩,但是由于面临一些限制因素,农业基础地位仍然不够稳固。主要表现在资源设施技术方面和组织管理制度方面。

一、资源设施技术方面

耕地资源不断减少。随着人口增长和城市化的逐步推进,耕地减少的趋势难以避免。据国土资源部调查,从1996年到2004年中国耕地面积减少1亿多亩,年均减少1000多万亩。近年来,即使国家采取最严格的土地管理政策,每年仍然减少400万亩左右。

水资源紧缺。全国水资源虽然总量不少,但人均占有量仅为世界平均水平的1/4,水资源年际年内变化也很大,大部分集中在雨季,地区分布很不平衡,洪涝灾害比较多,将成为影响粮食生产的重要因素。

农田水利基本设施老化、破坏现象比较普遍。农村实行联产承包责任制以来,对集体修建的农田水利基础设施只使用不维护的现象比较普遍,基本设施年久失修,中国的有效灌溉面积仅占耕地面积的44%左右,对于粮食和其他农作物生长的安全保障严重不足。

农业科技进步贡献率依然较低。尽管进入21世纪以后,中国的农业科技进步贡献率有所增加,达到47%左右,但是,远远低于欧美发达国家60%—80%的水平,也明显低于日本、韩国的水平。

二、组织管理制度方面

中国的人均耕地不足1.5亩,仅占世界的平均水平的40%,而且还在不断下降。

在这种情况下,出现了明显的农业比较利益下降现象。在种植业内部,粮食作物与经济作物相比,比较利益偏低;种植业与林业、牧业、副业、渔业相比,比较利益偏低;农业与非农产业相比,比较利益偏低。这三种情况表现在生产当中,就是种植经济作物的收入高于粮食作物;林业、牧业、副业、渔业的增长速度大大超过种植业;资本和劳动力逐渐从农业中转移出来,进入非农产业。

从世界各国的工业化发展规律看,农业比较利益下降是一种合理的、必然的现象。农业比较利益下降与经济增长速度、农业资源的供给状况和人口密集程度相关。在一般情况下,经济增长速度越快、农业资源(主要是土地)供给越紧张、人口越多,农业比较利益下降发生得就越早,下降的速度越快。

中国是一个土地资源不足而人口众多的国家,80年代改革后又出现了较高的经济增长,所以农业比较利益下降得就更快。根据中国经济的发展趋势,农业比较利益还会继续下降。

农业比较利益下降给农村带来了双重影响。

一方面,农村存在大量的剩余劳动力,就业机会不足,也缺乏可经营的土地,乡镇企业的发展虽然解决了一部分问题(以2002年为例,全国共有乡镇企业2133万家,从业人员达1.33亿人),但是仍然有数以亿计的农村剩余劳动力需要外出和向非农业转移。这支人数众多的"打工"队伍,在进入城市寻找新工作的途中,面对众多压力,其中包括计划经济时期遗留下来的户籍制度的压力。虽然有的省份废除了区别城镇居民和农民身份的"非农业户口"和"农业户口",把农民纳入城市管理和保障范围内,但是如何在全国范围内改善两种户口、双重管理的现行户籍制度,实现城镇居民和农民身份平等、机会平等,仍然是中国政府在探索的课题。

另一方面,在很多地方,青壮年劳动力外出打工,留下老人、孩子和妇女照看家里规模很小的土地,农业生产效率很低,无法形成规模效益。要改变这种状况,除了需要帮助农村建立更多的技术中心、中介组织,提高农业生产效率和农产品的商品化程度,更需要的是,探索家庭承包制的发展方向。按照目前的政策,承包土地的农民只有土地的使用权,没有所有权。农民无法转让、继承和抵押自己的土地,不利于农民长期稳定经营。中国政府需要作出更为积极、更加有利于农民的努力,彻底解决土地管理制度方面的问题。

政府已经采取的改良措施

进入21世纪以后,中国开始了农村税费改革,努力减轻农民负担。

中国征收农业税开始于2600年以前,到汉朝形成制度。新中国成立以后,颁布了《农业税条例》,继续向农民征收农业税。据统计,从1949年至2000年的52年间,农民除了给国家缴纳了7000多亿公斤粮食以外,农业税一直是国家财力的重要支柱。在计划经济时期,中国农民的这些付出,推动了国家建立完整的工业体系,发展城市各项事业。但是同时,政府实施的这种做法,使农民和农村的现金收入、教育卫生水平和社会保障大大落后于城市居民。进入21世纪以后,中国政府开始考虑逐渐取消农业税和其他收费,发挥工业和城市的作用,反过来帮助农业、农村和农民,解决三农问题。

2005年,全国人大决定,自2006年1月1日起废止《农业税条例》,取消除烟叶以外的农业特产税、全部免征牧业税,中国延续了2600多年的"皇粮国税"走进了历史博物馆。

2006年全面取消农业税后,与农村税费改革前的1999年相比,中国农民每年减负总额超过1000亿元,有接近8亿农民直接受益,人均减负120元左右。

全面取消农业税表明中国在减轻农民负担,实行工业帮助农业、城市支持农村方面取得了重要突破。

从国际上看,当一个国家经济发展到一定程度,都会对农业实行零税制。不过,中国废止农业税,只是解决三农问题的第一步,此外还需要改善农村基础设施建设、农业补贴方式、农民职业技术培训各个方面。长远来看,中国需要建立"以城市带动乡村"的发展机制,加快城市化进程,让更多农民转变为稳定的城市产业工人和市民。

第四节

中国农业发展战略

在 2006 年 3 月公布的《中华人民共和国国民经济和社会发展第十一个五年规划纲要》当中,中国政府明确提出了农业的中长期发展目标和规划。

一、发展现代农业

中国将巩固和加强农业基础地位。坚持最严格的耕地保护制度,确保基本农田总量不减少、质量不下降。坚持粮食基本自给,确保国家粮食安全,粮食综合生产能力达到 5 亿吨左右。

改革传统耕作方式,推行农业标准化,发展节约型农业。合理使用化肥、农药和其他农业技术。提高农业机械化水平。提高农业科技创新和转化能力。培育和推广超级杂交水稻等优良品种。加强物种资源保护和合理开发利用。

优化农业产业结构。在保证粮、棉、油稳定增产的同时,提高养殖业比重。加快发展畜牧业和奶业。因地制宜发展经济林和花卉产业。发展水产养殖和水产品加工,实施休渔、禁渔制度,控制捕捞强度。

鼓励农民发展各类专业合作经济组织,提高农业的组织化程度。推进农产品批发市场建设和改造,促进农产品质量等级化、包装规格化。继续实施"万村千乡市场工程",加快供销合作社经营网络改造和城市商业

科技下乡

网点向农村延伸。完善新鲜农产品进入城市的"绿色通道"。发展连锁经营,规范市场秩序。

二、增加农民收入

积极发展品种优良、特色明显的农产品。提高农业产业、产品附加值,使农民获得更多收益。支持农业产业化经营,支持企业与农户共享利益、共担风险。扩大养殖、园艺等劳动密集型产品和绿色食品生产。鼓励优势农产品出口。发展休闲观光农业。

推动乡镇企业结构调整,引导乡镇企业向有条件的小城镇和县城集中。发展劳动密集型产业和服务业,大量解决就业问题。引导农村劳动力向非农产业和城镇转移,保障他们的合法权益,增加农民工收入。

继续实行对农民的直接补贴政策,加大补贴力度,完善补贴方式。促进农产品价格保持在合理水平,稳定农业生产资料价格,建立农业支持保护制度。

乡镇企业蓬勃发展

(主要资料来源:中央政府门户网站 www.gov.cn)

思考题:
1. 中国农业生产的主要成就是什么?
2. 改革开放后农业比较利益下降,主要表现在哪几方面?
3. 农业剩余劳动力转移的趋势是什么?
4. 中国政府为了解决三农问题作出了哪些努力?

参考资料:
1. 中国网:《农业》,http://www.china.org.cn/chinese/zhuanti/zgjk/983662.htm.
2.《中国农业信息网》,http://www.agri.gov.cn/.

第十二章

工 业

提要 建国以来,特别是改革开放以来,中国工业取得了巨大的进步。工业产值高速增长,生产能力大幅度提高,很多工业产品的产量居世界前列。工业已经成为中国经济结构中产值最高、比重最大的部分。同时,中国工业发展也面临着环境退化的压力。在未来,中国将重点发展高新技术、能源和信息产业等方面。

第一节

中国工业的水平

新中国刚刚成立的时候,工业生产力水平很低。从1949年到50年代中期,中国开始建设独立的重工业体系。不过,总的来说,在1978年改革开放之前,中国的工业化进程比较缓慢。

改革开放以后,特别是从1990年到2005年,中国工业化进程加速推进,农林牧渔业产值的比例从27%下降到15%,工业产值占GDP的比重,迅速从41%上升到52%,2005年产值达到76190亿元,工业成为对中国经济贡献最大的部门。

自1996年以来,中国的钢铁、煤炭、水泥、农用化肥、电视机的产量一直居世界第一位。中国工业表现出强大的生产能力,以2005年为例,全国原油生产总量1.81亿吨,钢材3.97亿吨,水泥10.6亿吨,汽车产量570万辆,其中轿车277万辆。

2005 年主要工业产品产量

产品名称	单位	产量	比上年增长%
纱	万吨	1440	11.5
布	亿米	470	11.9
化学纤维	万吨	1618	13.6
成品糖	万吨	903	－12.6
卷烟	亿支	19560	4.4
彩色电视机	万台	8283	11.5
家用电冰箱	万台	2986	－0.7
房间空气调节器	万台	6765	5.9
一次能源生产总量	亿吨标准煤	20.6	9.5
原煤	亿吨	21.9	9.9
原油	亿吨	1.81	2.8
天然气	亿立方米	500	20.6
发电量	亿千瓦小时	24747	12.3
其中：火电	亿千瓦小时	20180	12.4
水电	亿千瓦小时	4010	13.4
粗钢	万吨	35239	24.6
钢材	万吨	39692	24.1
十种有色金属	万吨	1635	13.2
其中：精炼铜（铜）	万吨	260	18.1
电解铝	万吨	779	16.4
氧化铝	万吨	851	21.9
水泥	亿吨	10.6	10.0
硫酸	万吨	4529	15.3
纯碱	万吨	1467	9.9
烧碱	万吨	1264	21.4
乙烯	万吨	756	20.0
化肥（折100%）	万吨	5220	8.6
发电设备	万千瓦	9200	28.9
汽车	万辆	570	12.1
其中：轿车	万辆	277	19.7
大中型拖拉机	万台	16.2	42.7
集成电路	亿块	266	12.9
程控交换机	万线	7721	1.3
移动通信手持机（手机）	万台	30354	6.4
微型电子计算机	万台	8084	35.3

而且，与旧中国和计划经济时期相比，全国的工业布局更加合理。形成了功能不同的六大工业区。其中，东北区是中国强大的重工业基地。华北区包括天津、北京、河北、山西、内蒙古等地，形成以燃料动力、钢铁为主体的工业体系。华东区以上海为中心，是中国基础最好、规模最大的综合性加工工业区。中南区以京广铁路线为主干，是新中国重点建设的地区之一，钢铁、有色金属、电力、纺织、

制糖工业在全国具有重要的地位。以重庆工业区为中心的西南区是中国新兴工业区之一,冶金、机械、化工、燃料动力已经具有相当规模。西北区以兰州、西安为中心,重点发展了石油化工、机械制造、棉毛纺织等部门。

不过,与世界先进国家相比,中国工业仍然处于比较落后的地位。2005年的中国国内工业增加值76190亿元,如果和美国比较,刚刚超过美国1995年制造业增加值17040亿美元的一半,与美国90年代初期的水平相当。由于中国工人数量庞大,如果从生产效率的角度看,中国的差距更大。综合来看,目前中国工业现代化程度只能达到先进国家30%的水平。中国工业要达到世界先进水平,还有很多的问题需要解决。

第二节

中国工业发展的有利和不利条件

一、工业发展的有利条件

今后十几年中,中国工业增长的有利条件主要表现在以下几个方面。

第一,中国拥有多层次的市场需求和技术转让条件。

中国是一个经济发展不平衡的大国,城乡消费水平差距很大,为各个层次的工业产品提供了市场。城市的需求旺盛,而那些在城市已经过时的产品,往往可以转向更为广阔的农村市场。

另外,在中国,落后企业常常可以从先进企业获得它们已经不需要的技术,价格比直接从国外引进要低得多。中国以往工业增长的重要原因之一,就是军事工业技术转为民用、城市工业技术向乡镇企业转移,从而最终提高了整个中国工业的技术水平。

第二,中国拥有经济学意义上的"大国优势"。

工业生产率增长的关键是专业化生产,而专业化程度常常受到市场规模的限制。专业化生产效率高,产量巨大,如果市场规模小的话,会形成供过于求的局面。

当然,国内市场并不是唯一的出路,扩大出口也是扩大市场的有效途径。但是,一般来说,发展中国家技术水平不高,不具备竞争优势,很难进入国际市场;而国内市场的容量又十分有限,使大规模采用先进技术的产业难以发展,如果勉强发展,某一个企业就会在国内形成垄断。

中国是最大的发展中国家,国内市场容量巨大,可以容纳多家企业同时存在。也就是说,几乎所有的工业行业都可以依靠国内市场,同时满足"规模效益"和"市场竞争"两个方面的要求。这种优势是许多发展中国家所不具备的。

当然,具有大国优势,并不意味着要排斥对外经济贸易。大国优势的实质含义,是中国经济发展不必过多地受国际环境的牵制,可以比较自由地选择发展模式。

第三,中国具备"后发优势"。

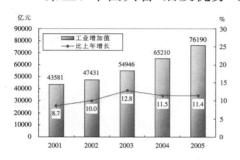

2001—2005年工业增加值与增长速度

工业后起国家与早期工业化国家相比,在相同的发展阶段,增长速度有可能明显提高。第二次世界大战以后,很多的后起的工业化国家,增长速度比早期工业化国家快得多。主要原因是,它们普遍吸收已经开发成熟的先进技术和管理思想。

此外,后起工业化国家劳动力成本比较低,这种低成本的优势与先进生产技术结合,可以使这些国家在劳动密集型、技术密集型产业中具有较强的竞争力。

第四,中国已经拥有近三十年经济改革的经验。

中国自1978年以来较长时间的改革过程,为中国今后工业增长提供了必要的经验,降低了风险。

二、工业发展的不利条件

中国工业化是人类历史上参与人口最多、规模最大的工业发展过程,进入21世纪以后,随着中国工业发展到新的水平,工业发展的不利条件,逐渐从改革开放初期的缺乏资金、技术等简单问题转化为环境与资源的压力、生产要素成本上升的趋势、出口产品经常遭遇反倾销等等。其中,环境与资源的压力尤其严重。

第一,中国人均资源不足和环境压力增大。

中国是世界上人口最多的国家,人口密度高于世界平均水平,如果同美国、俄罗斯、加拿大、澳大利亚等国土大国相比,中国的人口密度更高。按人均占有量计算,中国大多数资源都低于世界平均水平。中国人口约占世界总人口的22%,国土面积占世界7.1%,耕地占世界9%,草地占9.3%,水资源占7%,森林面积占3.3%,石油占2.3%,天然气占1.2%,煤炭占11%。

中国已经探明的矿产资源总量约占世界的12%,仅次于美国和俄罗斯,居世界第三位。但是中国人均资源占有量不足,仅为世界人均占有量的58%,居世界第五十三位。一些重要矿产资源的开发已经接近极限,其中,石油产量将在2015年前后达到高峰,最大年产量可能达到2亿吨左右,之后会出现下降甚至枯竭。因此,中国难以依靠国内自然资源来推动工业的长期增长。

与此同时,由于中国工业的高速增长,从 20 世纪 90 年代以来,中国大量进口能源、原材料。中国已经超过日本,成为世界最大的铁矿石进口国;在其他矿产品方面,中国也是世界市场上最大的进口国之一。这种状况,引起全世界矿产品价格明显上升。可以说,在世界市场上,中国工业发展所面对的压力明显增加。

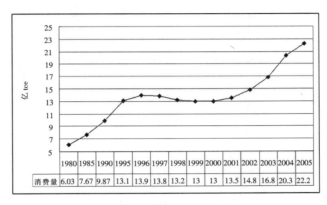

1980—2005 年中国能源消费量变化情况

另外,由于工业特别是重工业的高速增长,中国的环境质量不容乐观。全国范围内的污染排放和资源开发,都接近甚至超过了环境承载能力。全国自然环境污染严重,从总量上看,目前中国二氧化碳排放量已位居世界第二,而且还在继续上升,水质、空气质量下降,生活垃圾和工业废弃物无害化处理能力落后。

第二,中国工业技术和发展思路比较陈旧,需要调整。

现在,中国已经成为世界第二大能源消费国。由于技术落后,中国工业生产效率很低,浪费严重,急需改进。

以电力为例,据国家统计局数据,2004 年中国总装机达到 4.4 亿千瓦。和世界其他国家相比可以发现,美国的发电装机能力大约为 8 亿千瓦,英国、德国、法国三个国家总共 3 亿千瓦,日本 2.8 亿千瓦,没有任何一个国家出现电力短缺的现象;其中,美国使用的电力不到中国的两倍,但是创造的产值几乎是中国的五倍,日本使用的电力只相当于中国的 63%,创造了比中国高出两倍的国内生产总值。

中国仍然属于电力短缺的国家,从中国的用电结构来看,工业用电 74%,城乡居民用电 11%,第三产业用电 10%,农业用电 5% 左右。电力短缺的主要原因,很明显是工业能源消耗过高。

产生这种现象的原因很多,其中不可忽视的一个原因是,西方现代工业的动力主要是石油,而中国的能源结构则是石油短缺,天然气和煤炭丰富,煤炭储量高达 1 万亿吨以上,可以开发一百年以上。西方技术能够有效利用的是中国不很丰富的资源(石油),而不是中国比较丰富的资源(天然气和煤炭)。中国学习了西方的工业技术,而能源结构却不适应,从而增加了能源和资源压力。

第三,中国市场和政府的调节能力仍然需要加强。

按照正常情况,解决环境和资源问题的方法是,提高与环境和资源相关的收费、价格,带动全社会特别是工业企业的节约意识。然而,实际情况是,在现阶段,过高的价格不仅导致工业成本上升和企业收入下降,而且可能带来人民生活的困难和社会秩序的混乱,所以,环境和资源价格受到政府的严格控制,至今保留着很多的计划经济因素。

即使这样,中国政府仍然应该循序渐进地提高环境保护和资源利用的标准,推动中国工业技术逐渐摆脱破坏环境、依赖资源的原有道路,向"环境友好型"和"资源节约型"转变,实现可持续发展

 第三节

中国工业发展趋势

中国将按照新型工业化发展的要求,坚持以市场为导向、企业为主体,把增强自主创新能力作为中心环节,继续发挥劳动密集型产业的竞争优势,提高产品、企业和产业的水平,使中国从工业大国向工业强国迈进。

在未来相当长的时间内,中国工业将在以下几个方面作出重要的努力。

一、加快发展高新技术产业

推动高新技术产业,从加工装配为主向自主研发制造发展,推进自主创新成果产业化,引导形成具有核心竞争力的产业、产业基地和知名品牌。

重点发展以下四个方面:电子信息制造业、生物技术、航空航天产业、新材料产业。

二、振兴装备制造业

在重大技术装备方面,配合重点工程,研制一批对国家经济有重大影响的技术装备。

提高汽车工业水平,增强汽车工业自主创新能力。鼓励开发节能环保汽车。努力形成一些生产能力在一百万辆以上的企业。

"十一五"期间装备制造业振兴的重点

大型高效清洁发电装备	
百万千瓦级核电机组、超超临界火电机组、燃气-蒸汽联合循环机组、整体煤气化燃气-蒸汽联合循环机组、大型循环流化床锅炉、大型水电机组及抽水蓄能机组、大型空冷机组、大功率风力发电机组等。	
超高压输变电设备	**大型船舶装备**
掌握(正负)500千伏直流和750千伏交流输变电关键设备制造技术,开发1000千伏特高压交流和1正负;800千伏直流的变电成套设备。	大型海洋石油工程设备、30万吨矿石和原油运输船、万标箱以上集装箱船、液化天然气运输船等大型、高技术、高附加值船舶及大功率柴油机等配套设备。
大型乙烯成套设备	**轨道交通装备**
推进百万吨级大型乙烯成套设备和对二甲苯、对苯二甲酸、聚酯成套设备的国产化。	掌握时速200公里及以上高速铁路列车、新型地铁车辆等装备核心技术,实现产业化。
大型煤化工成套设备	**环保及资源综合利用装备**
煤炭液化和气化、煤制烯烃等设备。	大气污染治理、城市及工业污水处理、固体废物处理等大型环境设备,海水利用、报废汽车处理等资源综合利用装备。
大型冶金设备	**数控机床**
大型薄板冷热连轧成套设备和涂镀层加工成套设备。	提高大型、精密、高速数控装备和数控系统及功能部件的水平。
煤矿综合采掘设备	
大型煤炭井下综合采掘、运输提升和洗选设备以及大型露天矿设备。	

2006 年—2010 年装备制造业的重点

在船舶工业方面,提高散货船、油船、集装箱船的设计生产能力,在渤海周围、长江口和珠江口建设造船基地。

三、优化发展能源工业

坚持节约优先、立足国内、煤为基础、多元发展,优化生产和消费结构。

第一,加强煤炭生产和管理。提高开采效率,保护环境,减少安全事故。

第二,积极发展电力。重点发展环保高效的电站,包括水电站和核电站。续推进西电东送,把中国西部的能源转化为电力,输送到能源不足的东部地区。

第三,加大力度,勘探天然气和石油。稳定增加原油产量,提高天然气产量。建设国家石油储备基地。

第四,大力发展可再生能源。大力开发风能、太阳能。

四、调整原材料工业结构和布局

加快调整原材料工业,降低消耗,减少污染,提高产品质量、技术含量和产业集中程度。

第一,优化发展冶金工业。提高钢铁产品和电解铝质量,推进冶金工业发展循环经济。

第二,调整化学工业布局。调整化肥、农药工业布局和结构。控制农药总量,提高农药质量,发展高效、低毒、低残留农药。

第三,大力发展节能环保的新型建筑材料、保温材料、装修材料。

五、提升轻纺工业水平

努力打造自主品牌,扩大高端市场份额,提高轻纺工业竞争力。

首先,鼓励轻工业继续提高制造水平,特别是造纸工业、食品工业、家用电器工业等方面。

其次,鼓励纺织工业增加附加值。提高纺织工业技术含量和自主品牌比重。

六、积极推进信息化

坚持以信息化带动工业化,以工业化促进信息化,提高经济社会信息化水平。

建设和完善宽带通信网,加快发展宽带用户接入网。建设集有线、地面、卫星传输于一体的数字电视网络。构建下一代互联网,加快商业化应用。提高信息安全保障能力。

(主要资料来源:中央政府门户网站 www.gov.cn;黄群慧:中国工业现代化水平的基本测评,《中国工业经济》2004年9月)

思考题:
1. 中国工业目前处于什么水平?
2. 中国工业发展的有利条件和不利条件各有哪些?
3. 未来中国工业发展趋势如何?

参考资料:
1. 中国网:《工业》,http://www.china.org.cn/chinese/zhuanti/zgjk/983662.htm.
2. 中国社会科学院工业经济研究所,http://gjs.cass.cn/.

第十三章

第三产业的发展

> **提要** 21世纪的重要特征之一,是第三产业的高度发展。2010年以前,中国在第三产业将保持快速发展。第三产业的发展,将进一步改善中国的经济结构。

第一节

第三产业的概念和地位

一、概念

三次产业的划分是英国经济学家费希尔(A. C. B. Fisher)在1935年首次提出的,他排列顺序依据的是三个原则:首先是产业兴起的顺序,农业在人类发展史中首先兴起,所以称为第一产业,工业在18世纪后兴起,称为第二产业,服务业在20世纪中叶异军突起,所以称为第三产业。其次是人类需求的层次,最低的是食物需求,比较高的是用品需求,更高层的是服务需求。农业、工业和服务业从低到高地满足这些需求,所以分别称为第一、第二、第三产业。最后一个原则是产业离自然资源的距离:农业最近,工业其次,服务业最远,所以分别称为第一、第二、第三产业。

现代经济学家将这些概念进一步深化,他们认为,第三产业是提供各种服务的产业,也称广义服务业。一般认为,区分三次产业有三个标准:首先,产品是否有形。产品有形的属第一、二产业,无形的属第三产业。其次,生产与消费是否同时进行。生产与消费不同时进行的属第一、二产业,同时进行的属第三产业。最后,生产者与消费者的距离。距离最远的是第一产业,中间的是第二产业,最近的是第三产业。

在第三产业内部,可以根据不同的划分原则,对行业进行分类。通常,根据产品用途和提供者把服务产品分成三大类:消费者服务(个人服务)、生产者服务(企业服务)和政府服务(公共服务)。不过,由于第三产业的发展变化很快,新的行业不断出现,经济学家们一致认为,没有一劳永逸的第三产业内部结构分类方法。

2003年,中国国家统计局对三次产业作了新划分,规定第三产业包括:交通运输、仓储和邮政业,信息传输、计算机服务和软件业,批发和零售业,住宿和餐饮业,金融业,房地产业,租赁和商务服务业,科学研究、技术服务和地质勘查业,水利、环境和公共设施管理业,居民服务和其他服务业,教育,卫生、社会保障和社会福利业,文化、体育和娱乐业,公共管理和社会组织,国际组织。

不少人不了解为什么政府机关、政党机关、社会团体、警察、军队等部门被列入第三产业。事实上,划分三次产业的理论,依据的是经济学原则而不是政治学原理,只要一种消耗人力、财力、物力的经济活动产生了非实物劳动成果,提供这种成果的行业大致符合第三产业的三个特征(产品无形、生产与消费同时进行、离自然资源的距离最远),就可以列入第三产业,而无须考虑这种行业的政治因素。

二、地位

当代第三产业的迅速增长和战略地位的提高,是由社会生产率、消费结构和生产结构各个方面因素的发展引起的。工农业生产率的提高使劳动力越来越多地从第一、二产业转移到第三产业;收入和闲暇时间的增长,使更多的人们趋向于用货币换取便利,使消费结构中服务消费的比重上升,推动了生活服务业的发展;生产的社会化、信息化、市场化和国际化使生产结构中的生产性服务增长,推动了生产服务业的发展。

随着经济的发展和社会的进步,各国第三产业比重都在增大;经济越发达,居民越富裕,第三产业的比重就越高。"经济合作与发展组织"16个成员国第三产业就业比重在1870年仅为23.7%,到1976年已提高到55.6%。2001年,世界第三产业占GDP的比重为67.7%(在高收入国家达到70.7%),与此同时,第一、二产业的比重分别下降到3.8%和28.6%。2003年,中高收入国家第三产业占GDP的比重为61.6%,中等收入国家为51.5%,低收入国家也达到50.2%。第三产业成为现代社会中具有重要战略地位的产业部门。

在目前和将来,在自然资源日益枯竭而人力资源得到不断开发的环境下,对自然资源依赖程度比较高的第一、二产业的发展将受到越来越多的限制,对自然资源依赖程度比较低、对人力资源依赖程度比较高的第三产业在推动国民经济发展中,会有更广阔的发展空间。

第二节

中国第三产业的发展成就

一、产值和地位上升

新中国成立五十多年来,第三产业的发展,经历了改革开放前的缓慢发展阶段、20世纪80年代初的迅速起步阶段、1992年后的全面发展阶段,三个阶段呈现出不同的特征和经济涵义。

由于认识方面的错误,在很长一段历史时期,第三产业在中国没有得到重视,产业发展缓慢甚至下降。改革开放前,除了五六十年代的一些时期以外,全国第三产业的产值比重一直下滑,由1957年的30%下降到1978年的23%。

改革开放以来,从1978年到2000年,虽然第三产业的增长速度并不均匀,但是在长达22年的时间里,第三产业没有再出现负增长。特别是中国政府在1992年公布《关于加快发展第三产业的决定》之后,第三产业出现高速增长局面。第三产业产值由1978年的1601.52亿元增加到2000年的13838.69亿元,年均增长10.30%,略低于工业的年均增长率(11.44%),高于同时期农业(4.74%)和国民生产总值(9.38%)的增长率。

到2005年,第三产业的规模上升到72968亿元,增长速度为10%,占国民经济的比例达到39.9%(与此同时,第一产业占12.6%,第二产业占47.5%)。无论是中国第三产业的规模、增长速度还是产值比重,都获得了高速增长。

与世界其他各国比较,我们可以发现,从20世纪50年代开始,中国的第三产业内部产出结构与日本的相似程度逐步加深。现阶段中国的第三产业内部产出结构大体相当于日本20世纪80年代。大体相当于发达国家(如日本、美国)在80年代即工业化成熟时期的状态。与中国第一、第二产业产出结构的落后状态(相当于发达国家20世纪10—30年代)不同,中国第三产业内部产出结构层次较高,只比发达国家落后10—20年。这些事实说明中国第三产业在改革开放特别是20世纪90年代以后,获得了正常的、良好的发展,缩小了和发达国家的差距。

2005年国内生产总值和经济结构

二、行业发展

由于第三产业的快速发展，中国经济中一些重要行业的规模、设施和服务水平得到比较大的提高。这些行业的发展，恢复了第三产业在计划经济时期损失和下降的服务能力，繁荣了市场，促进了居民文化生活水平的提高，对改善人民生活发挥了重要的作用。

2006年上半年，中国社会消费品零售总额36448亿元，扣除价格因素，同比增长12.4%。无论是批发和零售、住宿和餐饮、通信器材、石油及制品、汽车的销售额，都获得了10%甚至更多的增长。今天的中国，不仅解决了计划经济时期存在的买卖难、吃饭难、住宿难这些基本问题，而且居民的消费结构正在逐渐向更高水平转变，购买越来越多的通信器材和汽车产品。

20世纪80年代，中国政府发现，落后的交通运输业和邮电通信业已经影响到中国工业和农业的发展，所以在最近的二十多年中，中国政府投入巨额资金，极大地改善了这些方面的落后状况。

2001—2005年铁路发展状况

特别是2001—2005年的"十五"期间，中国投资21957亿元，加强交通建设。这个数字，超过建国51年以来投资的总和。五年时间建成高速公路2.47万公里，使中国高速公路总里程从改革开放以前的几百公里，上升到4.1万公里，居世界第二位。公路交通的改善，使得居民的生活方式发生很大变化，2005年年末，全国私人汽车保有量2365万辆，增长22.0%。

中国铁路占世界铁路总营业里程的6%，却完成了世界铁路25%的工作量，是世界上最繁忙的铁路系统。面对铁路运输能力不足的问题，中国政府计划在2006—2010年，重点建设客运专线、城际轨道交通、煤炭运输通道，形成快速客运和煤炭运输网络，到2010年，中国铁路里程将达到9万公里，形成发达的铁路网，基本解决影响中国经济发展的铁路"瓶颈"问题。

中国沿海港口建设的重点是：煤炭、集装箱、进口铁矿石、粮食、深水出海航道等运输系统，特别是集装箱运输系统。目前，中国港口每年完成的集装箱吞吐量，已经跃居世界第一位，有力支持了中国对外贸易的发展。

旅游业的发展对第三产业和中国市场的繁荣,发挥了很大的推动作用。中国旅游资源丰富,已经成为世界上增长速度最快、潜力最强的旅游市场。以2005年为例,全年入境旅游人数1.2029亿人次,出境人数3103万人次。全年国内出游人数达12亿人次,几乎相当于每个中国人参加了一次旅游。据世界旅游组织预测,到2020年,中国将成为世界第一大旅游目的地国家和第四大客源输出国。

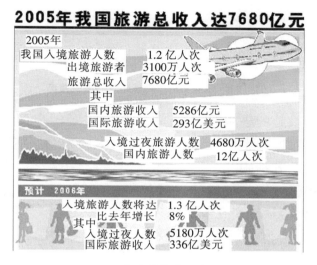

2005年中国旅游总收入

中国信息产业规模为全球第三位。特别是其中的邮电通信业获得高速发展。截至2006年7月底,全国固定电话用户超过3.665亿户,手机用户超过4.317亿户。

中国从1987年开办移动通信业务,在不到20年的时间里,移动电话网已经覆盖全国所有大中城市以及2000多个小城市和县城。另一方面,截至2008年6月底,中国网民数量达到2.53亿人,超过美国跃居世界第一位,网络教育、在线交易、电子邮件服务、网络游戏这些方面,发展迅速。

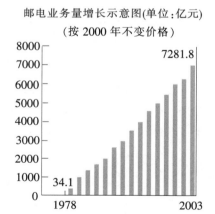

1978—2003年邮电业务量增长情况

2001—2005年外贸进出口总额及其增长情况

上述这些基础设施的进步,不仅提高了中国人民的生活水平,而且,促进了中国的对外贸易,帮助中国成为全球最具吸引力的外商投资目的地。2005年,中国的进出口总额上升到14221亿美元,居美国和德国之后,列世界第三位。进入21世纪以后,中国利用外资继续保持较高水平,年均利用外资超过500亿美元。除了制造业以外,第三产业也成为外商投资热点。

三、促进就业

从发达国家经济发展的历程可以看出,伴随着经济水平的提高,劳动力在各产业之间会发生有规律的转移。首先是劳动力从第一产业向第二产业转移,随着经济水平的进一步提高,劳动力将更多地向第三产业转移。

从美国、英国、法国、日本、韩国的发展历程可以看出,随着人均GDP的增长,这五个国家服务业的就业比重不断上升。美国从1970年的66.8%上升到2001年的78.8%,英国从1978年的61.3%上升到2002年的78.3%,法国从1970年的52.3%上升到1998年的73.2%,日本从1970年的46.9%上升到2000年的63.7%,韩国从1980年的37.0%上升到2000年的61.2%。

目前,发达国家第三产业的就业比重已经超过了60%,第三产业成为发达国家解决就业的主要行业。

改革开放以来,中国经济高速发展,但是第一、第二和第三产业的就业状况大不相同。进入90年代以后,在第一产业,产值不断增加,而就业人数不但没有增加,反而开始减少,说明第一产业就业人数已经饱和,并且开始排斥劳动力。第二产业在1978—1990年期间,对劳动力还有比较强的吸收能力,进入90年代以后,随着资本和技术对劳动力的替代趋势逐渐加强,第二产业吸收劳动力的能力急剧下降。

与它们相比,第三产业的情况令人鼓舞。改革开放以来,中国第三产业获得了快速发展,第三产业产值比重和就业比重都保持了上升的趋势。

在产值比重从1978年的23.7%上升到2003年的33.2%的同时,就业比重从12.2%上升到29.3%,就业比重的增长幅度比产值的增长幅度高出7.6个百分点。这表明改革开放以来,第三产业带动就业的能力,大于第一产业和第二产业。如果从绝对值来看,1978—2003年,中国净增就业人员34280万人,第三产业净增就业人员16919万人,也就是说新增就业人员近一半是在第三产业就业。研究表明,在发展速度相同的情况下,第三产业带动就业的能力是第二产业的三倍还多。

不仅过去如此,现在和将来,第三产业都是中国解决就业问题的主要途径。2003年,中国还有将近50%的劳动力在第一产业中就业,而目前发达国家第一产业的就业比重普遍在10%以内,这意味着中国今后大约有40%的劳动力将从第一产业转移出去。发达国家第二产业的就业比重一般在30%左右,到2003年,我国第二产业的就业比重已经达到21.6%,第二产业吸收劳动力的潜力有限。到2003年底,我国第三产业就业占全社会就业的比重仅为29.3%,不足发达国家就业比重的一半,吸收剩余劳动力的潜力巨大。

1990年—2003年第一二三产业就业结构变化

第三节

第三产业存在的问题

一、计划经济时期

在计划经济时期,中国第三产业发展缓慢,比重偏低。从纵向看,1952—1980年中国第三产业就业比重仅增加4个百分点;产值比重由27.9%下降到21.4%。从横向看,第三产业就业比重在1980年仅为13%,在世界银行统计的126个国家和地区中排名106位;产值比重在1982年为22%,在93个国家和地区中排在倒数第2位。

中国第三产业发展缓慢主要受三个因素的影响。一是经济理论方面的错误：经济学家们把服务部门当成不能创造社会财富的非生产部门，把第三产业的比重上升理解为消极现象。这种理论使中国政府投入第三产业的资源很少，产业发展速度缓慢。二是发展战略方面的不足：在工农业已经有比较大发展的时候，没有及时把第三产业的发展列入国家经济发展战略，政府多次提出的现代化目标中，只包括工农业现代化，忽略了第三产业的发展和现代化。三是政策失误：长期实行低价服务的制度，损害了服务业的利益。由于无利可图，第三产业的发展缺乏动力。

计划经济时期，重工业得到快速的发展，但是，与此同时，中国居民收入增长停滞，消费者的服务需求不足。在城市，政府推行"企业办社会"、"学校办社会"，企业职工、学校师生的服务需求由企业、学校自身来满足，在长达三四十年的时间里，企业、学校内部兴办了各种各样的服务设施，比如医院、幼儿园、中小学、理发馆和食堂，服务价格低廉，但是只针对本企业、本学校人员。这种封闭式的服务，缺乏竞争性，服务性企业获得利润也不多，一些为生产者服务的企业，如信息咨询、不动产、科技开发、租赁等行业，长期得不到发展。

这样，一方面，第三产业的部分行业附着于第二产业，由于不是依据专业分工的特点设立服务企业和服务项目，反分工的特征很明显，服务效率低，服务质量差。另一方面，这类服务的分配局限于本企业、本学校，带有强烈的福利性和排他性的特点。这不仅使国有企业和学校的职工容易产生一种优越感，而且缩小了服务的覆盖面，降低了服务设备的利用率。同时，一些本应由政府提供，全社会成员享受的服务项目，只能在国有企业和学校封闭发展，使得占人口大多数的农民无机会享受，人为制造了社会不平等。

和城市的情况类似，改革开放以前的29年里，农村居民的服务需求更低。占总人口80%以上的农民对服务的需求少于占总人口不到20%的城市居民。其原因很多，一方面，长期以来，中国推行"以农补工"的经济发展战略，强调农村、农业对城市和工业的贡献，忽视农民生活质量的提高。另一方面，农民收入增长缓慢，消费的自给性程度高，习惯于自我服务，从而抑制了服务需求增长。第三，农村人口居住分散，一些服务企业达不到起点规模，无法发展。

改革开放以前，由于推行封闭式的对外经济政策，国外服务需求不足。特殊的国际环境使中国只能和苏联、东欧保持少量贸易，而且很不稳定。这使得为国际贸易提供的服务，如海上运输与保险、国际咨询、国际租赁、国际结算这些行业，几乎处于空白。

在第三产业内部，各个行业的增长也不平衡。以古老的商业为例，改革前，工业品、农业品的买卖完全由政府控制，服务质量低劣，普遍存在买入难、卖出难的现象。旅客运输业、饮食业、旅游业发展滞后，中国各地普遍存在坐车难、住宿难、吃饭难的现象。总之,在计划经济体制下,中国第三产业增长很不平衡,与政府服务有关的行业发展迅猛,为消费者服务、为生产者服务、为国际服务的行业发展缓慢。

这些曾经存在于计划经济时期的问题,在进入改革开放时期以后,有很多得到了解决,但是也有一些问题,仍然存在。

二、改革开放以后

改革开放以来,第三产业得到全面快速的发展。不过,由于中国仍然属于发展中国家,改革开放的进程面临各种各样的困难,第三产业发展难以避免地存在着问题。

首先,第三产业内部结构的变化主要受如下七个方面因素的影响:收入水平、专业化分工、城市化水平、技术进步、劳动力资源、经济政策、国际贸易。在最重要的影响因素"收入水平"方面,中国城乡居民仍然处于比较低的水平。

德国著名的社会统计学家恩格尔(Engel)曾经得出结论,随着收入水平的不断提高,食物支出在消费总支出中的比重将不断下降。后来,人们将食物支出和消费品总支出的比值称为恩格尔系数,用它来衡量一个国家和地区的人民生活水平。根据联合国粮农组织提出的标准,恩格尔系数在 59% 以上为贫困型,50%—59% 为温饱型,40%—50% 为小康型,30%—40% 为富裕型,30% 以下为极富裕型。发达国家的恩格尔系数已经下降到 30% 以下。1996 年,美国、日本、英国、法国和加拿大的恩格尔系数分别为 10.6%、16.3%、19.9%、17.6% 和 14.4%。

相比之下,从 1978 年到 2003 年,中国城镇居民的恩格尔系数从 57.5% 下降到 37.9%,农村居民的由 67.7% 下降到 47.7%,虽然下降速度比较快,但是仍然处于比较高的水平。长期以来形成的低收入水平,使中国家庭很难在短时间内改变他们的生活方式,把更多的钱投入第三产业所提供的服务中,推动第三产业的发展。

其次,改革开放以后的第三产业发展仍然不平衡。1978—2000 年,中国公共总开支以年均 13.51% 的速度增长。造成开支增长的最重要因素,是行政人员的过快增长(由 417 万增加到 1086 万)。中国从计划经济时期就已经存在的第

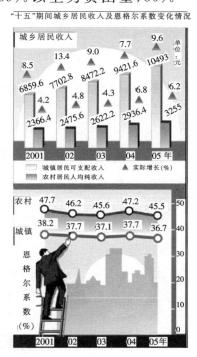

2001 年—2005 年城乡居民收入及恩格尔系数变化情况

三产业发展不平衡,特别是与政府服务有关的行业增长过快的问题,没有得到解决。行政人员过多,行政管理费用过高,在很多地方带来人浮于事的官僚作风。

第三,行业的技术水平、管理水平落后。中国目前第三产业的产品,主要满足国内需求,由于居民的收入水平仍然比较低,高层次的第三产业服务需求量小,技术和管理水平的进步缺乏动力,第三产业的增长仍然以技术含量比较低的传统产业为主。

综上所述,在经济发展水平比较高的国家,社会的服务供求数量巨大而稳定,第三产业具备了强大的实力,在国民经济特别是第一、第二产业发生动荡的情况下,可以成为缓和国民经济动荡的"稳定器",这被称为第三产业的稳定功能。而中国的第三产业还不成熟,尚未具备这种功能。中国第三产业在更多的时候,需要接受第一、二产业的保护,还难以为第一、二产业的发展提供稳定的支持和保护。

在今后很长时期内,中国第三产业将存在总量不足、结构不够平衡、服务质量不高等问题。在社会主义市场经济条件下,政府需要加强管理,开发新的经济增长点,解决垄断性服务行业价格高、效率低的问题,使第三产业更加健康、平稳地发展。

第四节

第三产业的发展方向

按照中国政府制定的规划,到 2010 年,第三产业发展环境将得到进一步改善。

第三产业在国民经济中的比重将明显上升,服务功能大大加强。基础设施和基础工业与国民经济发展相适应。生产和消费结构得到改善。综合运输体系和现代化通信体系基本形成。电脑应用在生产、工作和生活中的普及程度有很大提高。初步建立以宽带综合业务数字技术为支撑的国家信息基础设施,国民经济信息化的程度显著提高。

按照政府企业分开的原则,转变政府职能。政府的经济管理职能,要真正转变到制定和执行宏观调控政策,搞好基础设施建设,创造良好的经济发展环境上来,把不应由政府行使的职能逐步转给企业、市场和社会中介组织。

经济特区、沿海开放城市要积极参与国际经济合作,带动中西部地区的发展。逐步开放国内市场。扩大能源、交通等基础设施的对外开放,有步骤地开放金融、保险、商业、外贸等服务领域。有计划地发展境外投资,重点是能源、原材料、高技术等领域。积极参与和发展区域经济合作。

在对外贸易快速发展的良好基础上,进一步优化进出口商品结构。争取创立名牌,提高产品附加值,大力发展技术贸易和服务贸易。在世界贸易组织

(WTO)范围内发挥积极作用。

在吸引外资方面,要扩大外商直接投资规模,提高利用外资水平。逐步统一内外资企业政策,实行国民待遇。

目前,中国正处在建设全面小康社会的重要历史时期,从长期发展趋势看,中国第三产业对GDP增长的贡献份额将逐步提高,终将超过第二产业而成为国民经济增长的第一推动力。

结合各方面因素,可以对中国第三产业内部结构在未来十年的发展,作出大致的预测。

首先,第三产业各部分的比重将发生变化。目前,第三产业的流通部门比重最大,其次是生产和生活服务业,科学教育文化卫生体育部分的比重最小。今后,这种状况将改变为:生产和生活服务业占主导地位,流通部门的地位相对下降,科学教育文化卫生体育部分的比重基本稳定。

其次,就具体的产业发展来看,未来十年,以下产业将带动第三产业的发展。

金融业:由于现代经济是依靠货币联系在一起的,所以,作为主导产业,金融业必将获得较大发展。

教育、科技、交通、邮电通信业:它们在很大程度上是制约中国经济发展的"瓶颈"产业,关系到中国经济的长期发展和国际竞争力。虽然已经取得一些进步,中国政府还将继续大力发展这些行业。

产业服务业:目前中国三大产业效率低下,急需发展产业服务业帮助它们提高效率。产业服务业的发展是经济增长方式由粗放型向集约型转变的关键。随着对外开放程度的加深,产业服务业将会借鉴国际先进经验,获得迅速发展。

(主要资料来源:李江帆《中国第三产业发展研究》,人民出版社2005;中央政府门户网站www.gov.cn)

思考题:
1. 第三产业包括哪些行业?
2. 改革开放以后,中国第三产业的发展主要表现在哪些方面?
3. 目前,在中国第三产业发展过程中存在哪些问题?
4. 中国将重点发展哪些行业?

参考资料:
1. 中国网:高新技术产业,交通运输业,旅游业,http://www.china.org.cn/chinese/zhuanti/zgjk/983662.htm。
2. 吴洲,冼国义著:《中国对外经济贸易》,五洲传播出版社,2001。
3. 中华人民共和国商务部,http://www.mofcom.gov.cn/。

第十四章

中国的金融和保险业

提要 改革开放以后,中国对金融业进行了调整。目前中国实行的是以中央银行为领导、国家专业银行为主体、多种金融机构并存、逐步对外开放的金融体制。中国的金融市场获得了前所未有的发展。2001年加入世界贸易组织(WTO)以后,对外开放步伐明显加快。2006年底,按照入世承诺,中国金融业全面开放,金融市场呈现出前所未有的竞争和机遇。

第一节

中国金融体系

一、改革开放以前的金融体系

中国金融业在建国后经历了两种截然不同的体制。

1948年,中国人民银行正式成立。20世纪50年代,中国逐渐建立起以中国人民银行为主体的国家银行体系。

在以后的很长一段时间里,中国实行高度集中统一的计划经济体制,严格限制设立多种金融机构。中国人民银行发挥多种作用,成为集信贷收支、货币收支和资金结算于一体的中心。

二、改革开放以后的金融体系

金融是现代经济的核心。20世纪80年代以后,中国金融体制改革逐渐展开。

改革的方向和原则是:把过去中国人民银行既行使中央银行职权,又办理工商信贷和储蓄业务的单一银行体制转变为以中央银行为领导、国家专业银行为主体、多种金融机构并存、分工协作的金融体制。

改革开放以来,中国金融组织体系逐渐完善,已经形成了银行、证券、保险等功能比较齐全的金融机构体系,政策性金融和商业性金融得到协调发展。截至2004年末,全国共有各类金融机构法人35000余家,主要包括4家国有商业银行、3家政策性银行、11家股份制商业银行、112家城市商业银行、723家城市信用社、4家资产管理公司、3家农村商业银行、33965家农村信用社、199家外资银行营业机构、59家信托投资公司、133家证券公司和69家保险公司等。金融现代化、市场化和国际化程度不断提高。

中国人民银行继续承担中央银行的职责,是国家最重要的宏观调控部门。它运用金融调控工具,通过市场化手段加强总量调控和结构调整,促进中国经济可持续发展。此外,中国人民银行和中国银行业监督管理委员会、中国证券监督管理委员会、中国保险监督管理委员会以及财政部密切配合,履行对银行业、证券业和保险业的行业监管职责,促进金融业稳健发展。

国家外汇管理局,管理外汇的收支、买卖、借贷、转移以及国际间结算、外汇汇率和外汇市场;特别是对本国货币与外国货币的兑换实行一定的限制。

2003年以后,国有商业银行股份制改革取得阶段性成果,中国工商银行、中国建设银行、中国银行、中国农业银行的可持续发展能力得到增强。股份制商业银行、城市商业银行和其他中小金融机构的改革得到推进。同时,农村信用社改革取得了明显成效,经营状况开始好转,支持"三农"的实力进一步提高。

中国金融业对外开放稳步推进。尤其是2001年加入世界贸易组织(WTO)以来,对外开放步伐明显加快。

自2005年1月1日起,允许外资银行在其已获准的客户对象和业务范围内,从事代理保险业务。截至2006年9月末,来自41个国家和地区的183家外国银行在中国24个城市设立242家代表处。有18家外资银行成为25家中资银行的境外战略投资者,入股总金额达到181亿美元。而且,他们选择的对象也从地方商业银行和规模较小的股份制银行,发展到包括上市银行、全国性股份制银行和国有银行在内的大型商业银行。

2006年12月11日,中国加入世界贸易组织5年保护期结束,按照入世承诺,中国金融业全面开放。取消外资银行在中国经营人民币业务的地域限制和客户限制,对外资银行实行国民待遇。英国渣打银行(Standard Chartered Bank)第一时间提交了申请,成为首家申请筹建本地子银行及人民币零售业务牌照的外资银行。

金融业的全面开放,为普通百姓提供了更多选择,而国内的金融机构面临更大的挑战和竞争。

第二节

银行信贷与金融市场

一、银行信贷

中国的银行和信用社信贷资金来源,包括各项存款、发行债券、对国际金融机构负债、流通中货币、银行自有资金等。2007年末,全部金融机构本外币各项存款余额40.1万亿元,增长迅速。

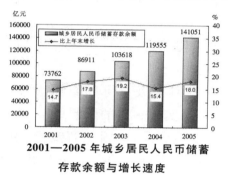

2001—2005年城乡居民人民币储蓄存款余额与增长速度

信贷资金运用包括各项贷款、购买债券、黄金占款、外汇占款、在国际金融机构资产、财政借款和其他支出。2007年末,全部金融机构本外币各项贷款余额27.8万亿元。在各项贷款中,工商企业和农业贷款仍然占据很大比重,与此同时,人民币消费贷款、个人住房贷款增长迅速。

二、金融市场

进入21世纪以来,中国金融市场在创新和规范中不断发展。目前,中国已经建立了完整的、多层次的金融市场体系,其中包括证券市场、期货市场、保险市场、黄金市场。1990、1991年先后在上海和深圳建立了证券交易所,股票公开上市,有效地改善了上市公司的财务状况,增加了企业技术进步的潜力。

2005年全部金融机构本外币存贷款情况

单位:千万

指标	年末数	比上年末增长%
各项存款余额	300209	18.2
其中:企业存款	101751	13.8
城乡居民储蓄存款	147054	16.5
其中:人民币	141051	18.0
各项贷款余额	206838	12.8
其中:短期贷款	91157	6.5
中长期贷款	92941	16.2

随着改革开放的不断深入,金融市场产品创新明显加快,除了传统的金融工具外,银行类创新产品、开放式基金等证券类创新产品不断涌现。这些新的金融市场产品,在储蓄转化为投资、风险管理等方面发挥了重要作用。

第三节

人民币与外汇管理

一、人民币

人民币是中国法定货币，由中央银行统一发行和管理。

人民币的货币单位为元，辅币为角和分（1元等于10角，1角等于10分）。

中国政府规定，从1993年起，中国公民和外国公民每人每次可以携带6000元人民币出入境。在此之前，携带人民币出入境是被禁止的。从2005年开始，根据中国人民生活水平和国家对外开放程度的提高，这一标准提高到每人每次可以携带20000元人民币出入境。

香港、澳门回归以后，中国政府支持香港、澳门银行办理个人人民币业务，并且为此提供帮助，方便了人员往来。

二、外汇管理

中国对外汇实行统一经管，由国家外汇管理局行使外汇管理职能。

中国实行有管理的浮动汇率制度。

1994年，国家对外汇管理制度进行改革，实行汇率并轨（由多种汇率并存转为单一的市场汇率）和统一的银行间外汇市场。到1996年底，实现人民币在经常项目下的可兑换。

人民币的汇价，由中央银行制定，国家外汇管理局对外发布。目前，人民币对主要外币的汇价有三种（即美元、日元、港币）。2005年7月，中国对人民币汇率形成机制进行了改革，改革的内容是：人民币汇率不再盯住单一美元，而是按照我国对外经济发展实际情况，选择若干种主要货币，赋予相应的权重，组成一个货币篮子。同时，根据国内外经济金融形势，以市场供求为基础，参考一篮子货币计算人民币多边汇率指数的变化，对人民币汇率进行管理和调节，维护人民币汇率在合理均衡水平上基本稳定。

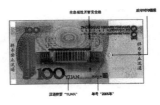

100元人民币样本正面反面

进入21世纪以后，中国外汇储备飞速增长。2006年2月，取代日本持续近80个月的位置，成为世界第一外汇储备国。到2008年上半年,外汇储备已经达到18000亿美元的庞大规模。相对于改革开放以前中国外汇储备只有16亿美元(1978年)的时代,巨额外汇储备的经营收益问题成为中国需要面对的全新挑战。对此,中国政府除了基于外汇安全的考虑,继续实行外汇储备的多元化以外,还学习先进国家管理外汇资产的经验,组建了国家外汇投资公司,由国务院直接领导,来经营外汇,保值增值。

第四节

保险业

中国保险业在经历了20年的停顿之后,于1980年开始恢复。

1981年中国人民保险公司从政府的一个部门改制成为专业公司,并建立了从总公司到省、自治区、直辖市分公司和县支公司的机构。

1980年,中国只有一家保险公司,而到2005年,全国保险公司增加到93家,其中保险集团和控股公司6家,财产险公司35家,人身险公司42家,再保险公司5家,保险资产管理公司5家。初步形成以国有保险公司为主,中外保险公司并存,多家保险公司竞争的新格局。

中国保险业恢复初期,保险业务单一,只有企业财产保险。如今,各保险公司开办国内外业务已达数百个险种,逐步接近国际保险的业务范围。

(主要资料来源:中国社会科学院《中国金融发展报告2005》,社会科学文献出版社2005年;中央政府门户网站 www.gov.cn)

思考题:
1. 改革开放以后,中国对金融业进行了什么样的调整?
2. 目前中国的金融体系,主要由哪几部分构成?
3. 加入世界贸易组织对中国金融保险业有什么影响?

参考资料:
1. 中国网:金融与保险,http://www.china.org.cn/chinese/zhuanti/zgjk/983662.htm.
2. 中国人民银行,http://www.pbc.gov.cn/.

第三单元练习

一、选择正确答案：

1. 关于旧中国的投资情况，以下哪个部分的介绍是错误的？ （　　）
   A. 投资率很低　　　　　　B. 投资的地理分布不合理
   C. 投资结构不平衡　　　　D. 大部分投资受到中国政府的严格管制

2. 在计划经济时期之后，中国进入改革开放时期，改革开放时期是从什么时候开始的？ （　　）
   A. 20世纪70年代末　　　　B. 20世纪80年代末
   C. 20世纪90年代末　　　　D. 21世纪初期

3. 改革开放时期，农村经济改革的重点是实行了以下哪种制度？ （　　）
   A. 土地自由买卖制度　　　B. 家庭联产承包责任制
   C. 人民公社制度　　　　　D. 科技下乡制度

4. 以下哪一句关于中国经济和社会发展目标的介绍是正确的？ （　　）
   A. 中国在1978年召开的中共十一届三中全会上，确立了中国经济建设分三步走的战略部署。
   B. 中国提出的到20世纪末国内生产总值比1980年翻一番的目标，在1995年提前完成。
   C. 到21世纪中叶，基本实现现代化，人均国内生产总值达到中等发达国家水平，人民过上比较富裕的生活。
   D. 到2020年，实现国内生产总值比2000年翻两番，人均国内生产总值达到40000美元。

5. 中国发展农业的条件并不理想，这方面的压力，突出表现在以下方面 （　　）
   A. 土地资源类型多样，只有66％的土地是平地，其余34％是山地、丘陵和高原，难以利用。
   B. 中国的耕地占世界耕地总数的9％，却需要养活占世界22％的人口，"人多地少"的矛盾十分突出。
   C. 中国的耕地主要集中在中国西部。
   D. 全国大多数地方降水过多，很容易发生水灾。

6. 中国的农业比较利益偏低表现在 （　　）
   A. 在种植业内部,种植粮食作物的比较利益低于种植经济作物。
   B. 在大农业范围内,种植业的比较利益低于林业、牧业、副业和渔业。
   C. 在经济结构的意义上,农业的比较利益低于工业和第三产业。
   D. 包括以上三者。

7. 进入21世纪以后,为了减轻农民负担,帮助农村更快发展,中国采取了什么重要措施？ （　　）
   A. 从2006年1月1日开始,全面取消农业税。
   B. 大规模改善了农村基础设施建设、农民职业技术培训这些方面。
   C. 从2006年1月1日开始,每年给予农民财政补贴,人均120元左右。
   D. 改革了户籍制度,全面建立了城乡劳动者平等的就业制度。

8. 以下关于中国工业水平的介绍中,哪一句是正确的？ （　　）
   A. 1949年前后,工业生产力水平比较高,为计划经济和改革开放时期的快速发展提供了良好基础。
   B. 20世纪90年代以后,虽然农业仍然是对中国经济贡献最大的部门,但是工业产值占GDP的比重在不断上升。
   C. 虽然中国工业水平有了很大提高,但是截止目前,还没有哪种主要工业产品的产量达到领先世界的水平。
   D. 目前,与先进国家相比,中国工业水平仍然比较落后,中国工业现代化程度只能达到先进工业国家30%左右的水平。

9. 中国工业能源使用效率低下的原因之一是,过多地模仿和跟随西方工业发展的技术路线。这句话的意思是指以下哪种情况？ （　　）
   A. 中国的能源开发技术落后,发现和利用能源(特别是石油和煤炭)的能力与西方相比还很落后。
   B. 中国学习了西方的工业技术,这些技术以利用石油为重点,和中国"石油少煤炭多"的能源结构不适应。
   C. 中国学习的西方技术,都是比较陈旧、浪费能源的落后技术。
   D. 中国学习了西方技术,并且进行了改造,但是这些大部分没有成功。

10. 关于第三产业及其内部结构的划分,以下哪一句的介绍是错误的？ （　　）
    A. 三次产业的划分,可以按照产业兴起的顺序、人类需求的层次、产业离自然资源的距离来进行。

B. "第三产业"也可以被称为"广义服务业"。

C. 第三产业内部结构分类方法已经非常成熟,不会再发生改变。

D. 现代经济学家认为,区分三次产业的标准是:产品是否有形、生产与消费是否同时进行、生产者与消费者的距离。

11. 目前中国经济结构的特点是 （   ）

   A. 农业所占的份额最高

   B. 工业所占的份额最高

   C. 第三产业所占的份额最高

   D. 三者份额相当

12. 从21世纪初期的就业结构来看,以下哪一项关于解决中国就业问题的分析是正确的？ （   ）

   A. 2003年,中国有接近50%的劳动力在第一产业中就业,这种状况以后将不会改变。

   B. 由于第二产业的快速发展,第二产业将成为中国解决就业问题的主要途径。

   C. 到2003年底,中国第三产业就业占全社会就业的比重仅为29.3%,不足发达国家就业比重的一半,是解决就业问题的主要途径。

   D. 由于中国经济的特殊性,第一、第二、第三产业解决就业问题的潜力相当。

13. 中国的中央银行是 （   ）

   A. 中国人民银行　　　　B. 中国建设银行

   C. 中国银行　　　　　　D. 中国农业银行

14. 中国在上海和深圳建立证券交易所的时间是哪个时期？ （   ）

   A. 刚刚开始改革开放的20世纪80年代

   B. 20世纪的90年代

   C. 中国于2001年加入世界贸易组织之后

   D. 2003年以后

二、判断正误：

1. 计划经济时期,中国的生产资源属于国家管理,而各地物价由地方政府自己决定。 （   ）

2. 中国计划经济的主要成就之一是"初步工业化",意思是轻工业发达,而重工业落后。（　　）
3. 由于中国城市化进程加快,耕地减少,中国政府确定了以粮食进口为主的中长期农业发展规划。（　　）
4. 按照目前中国农村土地承包制的规定,农民只有所承包土地的使用权,没有土地所有权,不能买卖、继承和抵押土地。（　　）
5. 中国大部分地区目前仍然实行"非农业户口"和"农业户口"两种户口、双重管理的户籍制度。（　　）
6. 目前,中国所有地方和行业已经实现工业现代化。（　　）
7. 经济学当中的"大国优势"是指,像中国这样的最大的发展中国家,有能力大量生产,降低产品价格,增强经济的竞争力。（　　）
8. 从经济学角度来看,政府机关、警察、军队这些部门也属于第三产业。（　　）
9. 与其他因素相比,目前中国第三产业发展缓慢的重要原因,是城乡居民的收入水平仍然比较低。（　　）
10. 改革开放至今,中国从计划经济时期就已经存在的第三产业发展不平衡,特别是与政府服务有关的行业增长过快的问题,已经基本解决。（　　）
11. 从 2006 年以后,中国外汇储备超过 9000 亿美元,成为世界上外汇储备最多的国家。（　　）

第四单元

中国社会

第十五章

中国的环境状况和环境保护

> **提要** 改革开放以来,在经济高速发展的同时,中国的环境质量明显下降。以城市为中心的环境污染在持续发展,并向农村蔓延,生态破坏的范围继续扩大。中国在全国范围内开展了大规模的污染防治和生态环境保护。中国政府计划,用 15 年左右的时间,基本控制生态环境恶化的趋势,在此基础上,再用 15 年左右的时间,使中国的生态环境有一个明显的改观。到 21 世纪中叶,在全国建立起适应国民经济可持续发展的良性生态环境。

第一节

中国的环保政策和体制

一、环境保护法制和体制

中国宪法明确规定:"国家保护和改善生活环境和生态环境,防治污染和其他公害。"中国刑法还对破坏环境资源罪有专门规定。

2005 年,中国政府制定了《国家突发环境事件应急预案》,对突发环境事件的报告、处理、分析和发布,提出明确要求。预案涉及水污染、大气污染、危险化学品污染、核与辐射污染和恐怖袭击事件等各种情况。

中国已建立国家和地方环境保护标准体系。国家环境保护标准包括国家环境质量标准、国家污染物排放(控制)标准、国家环境标准样品标准及其他国家环境保护标准。截至 2005 年底,国家颁布了 800 余

循环经济

项国家环境保护标准。

中国的环境管理体制是,各级政府对当地环境质量负责,环保部门统一监督管理。2008年,为了加强环境保护工作,中国政府将原有的国家环境保护总局升格为中华人民共和国环境保护部,作为国务院直属机构,负责对中国环境保护工作实施统一监管。

二、环境经济政策和投入

中国已经初步建立起以政府为主导的多元环保投资、融资体制。

"十五"期间,中央财政安排环境保护资金上千亿元人民币,主要用于京津风沙源治理、天然林保护工程、退耕还林(草)工程等各个方面。1996—2004年,中国环境污染治理投入达到9522.7亿元人民币,占同期GDP的1.0%。2006年,环境保护支出正式纳入国家财政预算。

中国政府不断完善环境收费政策。近年来,加强了排污费征收和管理。对所有排放二氧化硫的企、事业单位和个体经营者均征收二氧化硫排污费。实行城市污水、垃圾、危险废物处理收费政策。

制定了有利于环保的价格税收政策。国家通过补贴的方式鼓励使用可再生能源,降低和取消钢铁、电解铝、铁合金这些高能耗产品的出口退税。对提前达到低污染排放标准的汽车生产企业减征30%的消费税。

三、环境影响评价制度

环境影响评价制度是从源头控制环境污染和生态破坏的法律手段。通过执行这个制度,在石油化工和铁路行业,很多项目实现了"增产不增污染",包括2006年通车的青藏铁路这样的国家重点工程,通过调整路线和工程方案,有效避免了新的生态破坏。

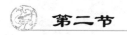

第二节

环境状况与治理

一、工业污染防治

工业污染防治是中国环境保护工作的重点。

与过去相比,中国工业污染防治战略发生重大变化,逐步从"末端治理"向"源头治理和全过程控制"转变,从简单的"企业治理"向"调整产业结构、清洁生产和发展循环经济"转变。为此,中国淘汰和关闭了一批技术落后、污染严重、浪费资源的企业。与 1990 年相比,2004 年全国每万元人民币 GDP 能耗下降 45%,累计节约能源 7 亿吨标准煤。

中国实行严格的核与辐射环境安全管理。目前,共有运行的核电厂 5 座、在建的核电厂 2 座,没有出现重大核安全问题。中国严格遵守国际原子能机构发布的标准,规定放射源进出口必须审批。

二、重点地区污染治理

近年来,中国政府把"三河"(淮河、辽河、海河)、"三湖"(太湖、滇池、巢湖)、国家重点工程(三峡工程、南水北调工程)、"两控区"(二氧化硫控制区和酸雨控制区)、"一市"(北京市)、"一海"(渤海)作为全国污染防治的重点地区,取得成效。

其中,作为重点流域水污染防治项目,"三河"、"三湖"流域面积达 81 万平方公里,跨越全国 14 个省(市),居住人口 3.6 亿。这些地方,面积广大,人口众多,有效治理和改善它们的环境,对国家经济社会发展有很大影响。

2006 年—2010 年环境治理重点工程

三、城市环境保护

中国城市化率从 1995 年的 29% 逐渐提高到 2004 年的 42%。城市化快速发展中的环境问题也越来越突出。为此,中国的许多城市制定规划,测算大气和水环境容量,合理确定城市规模和发展方向。

中国各级政府把环境基础设施作为投资的重点。截至 2004 年底,全国城市人均公共绿地面积比 2000 年翻了一番。城市污水处理率达 46%,城市生活垃圾无害化处理率达 52%,城区清洁能源使用率达 40%。从 2000 年 7 月起,全国停止销售、使用含铅汽油,每年可减少排铅 1500 吨。

四、农村环境保护

近年来,中国政府兴建各类农村饮水工程 80 多万处,解决了 6700 多万农村人口的饮水安全问题。在全国范围内,禁止在蔬菜、水果、粮食、茶叶的生产中使用高毒、高残留农药。

截至 2005 年,国家投入 7 亿多元人民币,在比较干旱的地区建设了 460 多个旱作节水农业示范基地,充分利用天然降水,提高水资源利用效率,控制水土流失。此外,"十五"期间,国家先后投入 35 亿元人民币,重点推广沼气利用。同时,还积极推广使用太阳灶、风能、地热等可再生能源。

五、生态保护与建设

经过长期不懈努力,中国一些地区生态环境开始得到改善。

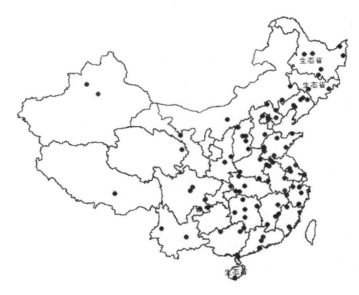

目前全国生态示范区分布示意图

由于大规模植树造林,近年来,中国森林实现由持续下降到逐步上升的转折。目前,全国森林面积达 1.75 亿公顷,森林覆盖率达 18.21%。同时,国家对草原保护的投资增加,取得了良好效益。截至 2005 年底,有 20% 的可利用草原实施了禁牧、休牧和轮换放牧。

近年来,国家加强了防治水土流失的工作。目前,已有 25 个省(自治区、直辖市)实施了封山禁牧,范围达到 60 多万平方公里,植被得到了较快的恢复。与此同时,中国政府大力防止土地荒漠化、沙化,与 20 世纪 90 年代相比,荒漠化和沙化土地面积开始出现下降。

截至 2004 年底,中国已建立各级海洋自然保护区 120 个,保护海洋珍稀物种。中国还控制渔业捕捞强度、完善休渔制度、建立渔业资源保护区,保护和恢复海洋渔业资源。

中国政府把建立自然保护区作为保护生态环境的重要措施。截至 2005 年底,全国共建立各级各类自然保护区 2349 处,面积达 150 万平方公里,约占陆地国土面积的 15%。全国 85% 的陆地生态系统类型、85% 的野生动物种群和 65%

的天然植物群落类型都得到保护。其中,野生大熊猫数量达到1596只,人工圈养数量达到183只。

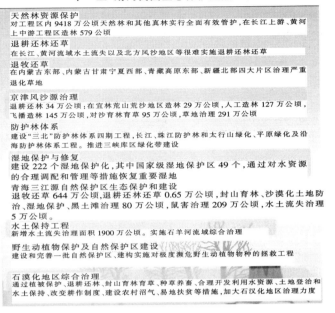

2006年—2010年生态保护重点工程

第三节

环保科技与公众参与

中国采取各种措施促进公众对环境保护的参与。

一、环境保护科学研究

进入21世纪以后,中国初步建立了中国绿色GDP核算体系框架,组织了西部生态系统综合评估,完成了全国外来入侵物种调查,建立起中国生物多样性数据库。开展全球环境变化研究工作,编制了《气候变化国家评估报告》,为国家制定政策和参加国际谈判提供了科学依据。

二、公众参与

中国政府鼓励公众参与环境保护工作。民间组织和环保志愿者是环境保护的重要力量,中国目前有非政府环保组织1000余家。其中比较有影响的组织,是北京的"自然之友"和四川的"绿色江河"。在资金和人力缺乏的情况下,"自然之友"在全国组织了多次环保宣传、教育活动。"绿色江河"在青海省的长江源头地区,建立了国内第一个以反偷猎为目的的民间环保观测站"索南达杰站"(纪念为保护长江源头地区野生动物而牺牲的一位藏族英雄)。"绿色江河"的发起人,中国著名的环保人士杨欣,为建立保护站、保护长江源头地区生态环境,作出了十余年不懈的努力,并准备陆续在长江流域建立更多的保护站。

到 2005 年底,全国所有中等以上城市每天发布空气质量报告,国家定期报告水质和突发环境事件,保障公民的知情权,促进公众对环境保护的参与。

 第四节

环保领域的国际合作

中国重视环境保护领域里的国际合作,积极参与联合国等国际组织开展的环境事务。

中国参加了《联合国气候变化框架公约》及其《京都议定书》等 50 多项涉及环境保护的国际条约,并积极履行这些条约规定的义务。

中国加强和推动与其他国家的合作,建立了中、日、韩三国环境部长会议机制,中国与东盟、欧洲和阿拉伯国家的环保合作形成制度,先后与美国、日本、加拿大、俄罗斯等 42 个国家签署合作协议。中国政府还帮助非洲国家开展环境专业人员培训。

(主要资料来源:国务院新闻办公室《中国的环境保护(1996—2005)》白皮书)

思考题:
1. 中国环境状况退化的主要原因是什么?
2. 中国政府作出了哪些努力保护环境?
3. 中国的环境保护机构主要有哪些?
4. 贵国在保护环境方面有哪些成功的经验?

参考资料:
1. 中国网:环境保护,http://www.china.org.cn/chinese/zhuanti/zgjk/983662.htm.
2. 国家环境保护总局,http://www.sepa.gov.cn/.

第十六章

人民生活

> **提要** 中国改革开放最为成功的标志之一,就是全国人民的生活水平,比改革开放以前的二十多年,得到了大幅度的提升。在就业、收入与消费、社会保障、医疗卫生条件等方面,逐渐向"全面小康"的目标接近。

第一节

改革开放以来的人民生活

从建国到 1978 年的二十几年间,中国曾经长期存在高积累、低消费的问题。1952 年,中国全国的消费总额为 477 亿元,1978 年,为 1888 亿元,二十多年增长 3.0 倍,扣除物价上涨因素,平均每年递增 4.5%,人民生活水平低下,社会需求不足。

改革开放以后,中国调整了经济政策,在各个方面获得巨大进步。中国人的物质文化生活得到大幅度改善,生活水平已经接近或者达到小康水平,中国正在努力解决前进过程中出现的就业、消费和社会保障方面的各种问题。

一、就业状况

就业是人民生活的基础,是人民改善生活的基本途径。

建国初期,中国政府曾经采取多种措施解决旧中国遗留下来的失业问题,到 1957 年,旧中国遗留下来的 400 万失业人员都得到了安置。"文化大革命"期间(1966—1976 年),教育和就业培训遭到破坏,城镇知识青年不能正常读书和升学(特别是升入大学),也没有机会接受职业培训,青年人就业一度成为困扰中国千家万户的社会问题。1979 年后,中国政府广开就业门路,实行劳动部门介绍就业和自谋职业相结合的办法,到 1984 年基本解决了"文化大革命"中 1800 万"上山下乡"知识青年的回城就业问题。

改革开放以后,虽然中国经济取得很大进步,但是,由于劳动年龄人口众多,国民教育水平较低,中国的就业矛盾还是十分突出。2003 年,中国总人口达到 12.92 亿(不包括香港、澳门和台湾)。经济活动人口 76075 万人,劳动力参与率为 76.2%。16 岁以上人口中,初中以上文化程度占 61.7%,大专以上文化程度占 6.6%;技术工人中,初级占 61.5%,中级占 35%,高级占 3.5%。

2005 年,中国城乡从业人员达到 75825 万人,其中城镇 27331 万人,占 36%,乡村 48494 万人,占 64%。

随着经济结构调整,中国传统产业当中,出现大批下岗失业人员。1998—2003 年,国有企业累计下岗 2818 万人。政府在各地建立"再就业服务中心",主要援助对象,是愿意就业的男 50 周岁、女 40 周岁以上的下岗失业人员,为他们提供一次职业指导、三次就业信息服务和一次免费的职业培训机会。对下岗失业人员自谋职业,从事个体经营的,三年内免征有关税费;提供小额担保贷款,由政府建立担保基金,并提供财政贴息。

2005 年全国就业人数

中国通过发展第三产业来扩大就业,特别是就业容量大的私营、个体经济和中小企业,它们吸纳的劳动力占城镇就业增量的 80% 左右。对大量安置下岗失业人员的企业,三年内免征企业所得税。

近年来,在就业压力持续加大的情况下,中国政府采取多种措施控制城镇失业率的急剧上升。2003 年底,城镇登记失业率为 4.3%,城镇登记失业人数为 800 万人。

1998 年以来,中国政府建立了以国有企业下岗职工基本生活保障、失业保险和城市居民最低生活保障为内容的"三条保障线"制度。在有下岗职工的国有企业普遍建立再就业服务中心,下岗职工在中心期间可领取最长为三年的基本生活费。三年期满出中心后没有实现

1998 年—2003 领取失业保险金人数变化

再就业的下岗职工和其他失业人员,已参加失业保险并足额缴费的,可按规定领取最长期限两年的失业保险金。城市居民家庭人均收入低于当地最低生活保障标准的下岗失业人员,可按规定享受城市居民最低生活保障标准。通过建立"三条保障线",将下岗失业人员的生活保障、社会保障和再就业紧密联系起来。2003年底,全国1.0373亿人参加失业保险,年末领取失业保险金的人数为415万。

农村人口占中国人口的大多数,中国政府高度重视农村的就业问题。中国政府坚持走大中小城市和小城镇协调发展的中国特色城市化道路,统筹城乡经济社会发展,调整农业和农村经济结构,扩大农村就业容量,并逐步消除不利于城市化发展的政策障碍,引导农村劳动力合理有序流动。

20多年来,政府积极推动乡镇企业发展。目前,乡镇企业已经成为增加农民收入、安排农村富余劳动力的重要渠道。2003年,全国乡镇企业实现增加值36686亿元,占国内生产总值的31.4%;吸纳农村富余劳动力1.36亿人,占农村劳动力的27.8%。

20世纪90年代后,农民离乡外出就业平均每年以500万人左右的规模迅速增加,2003年总人数已超过9800万人,成为农村劳动力转移的主要渠道。中国政府认识到这一趋势,在2003—2010年,对可能转移的6000万农村劳动力开展培训,提高他们的就业能力。

21世纪前二十年,中国将面临比较大的就业压力。到2020年,劳动年龄人口总规模将达到9.4亿人。21世纪前期,中国解决就业问题的总体目标是:按照全面建设小康社会的总体要求,努力实现社会就业比较充分,将失业率控制在社会能够承受的范围内。到2020年,就业总量达到8.4亿,大部分人有机会就业,少量失业者基本生活有保障并为就业做准备,社会总体上处于比较充分的就业状态。

二、工资制度

中国目前工资制度的基本原则是"各尽所能,按劳分配"。

改革开放以来,特别是20世纪90年代以来,中国人的工资收入稳步增长。从人均角度来看,工资年均增长9.2%。

津贴是工资构成中浮动的部分。各单位根据自身的实际情况,在国家规定的津贴总额内,享有分配自主权。随着中国经济形势的变化,今天,津贴的比例在大部分中国人的工资中,所占的比例从90年代初期的30%到40%逐步上升,往往超过工资总额的一半甚至更多,成为工资收入的主要部分。

三、居民收入与消费

国家统计局数字显示,继2003年我国人均GDP超过1000美元后,2004年我国人均GDP达到了1200美元,达到小康水平。2005年,全国农民人均纯收入3255元,城镇居民人均可支配收入10493元。农村居民家庭恩格尔指数(即居民家庭食品消费支出占家庭消费总支出的比重)为45.5%,城镇居民家庭恩格尔指数为36.7%(见下表)。

居民收入的增加,必然引起消费的增长和消费结构的变化。

20世纪80年代末期,中国政府在全国范围内基本上结束了票证供应制度。现在,消费品市场已消除了日用品和食物的短缺现象。

食品消费质量提高、品种丰富,由过去简单的吃饱吃好,转变为品种更加丰富,营养更加全面。对肉、蛋、禽、奶、水产品、蔬菜、水果的需求量不断上升,对粮食的消费则大幅度下降。据统计,目前中国居民的饮食营养水平已基本达到亚洲中等收入国家的水平。同时,中国人在外就餐的次数也明显增加。

衣着消费比重略有下降,时装化、名牌化、个性化倾向更加明显。布的平均消费量相当于世界平均水平。

用品消费增长逐年减缓,主要耐用消费品逐步饱和。城乡居民的耐用消费品从少到多,从低到高,普及程度迅速提高。城镇居民在经历了由"老四件"(自行车、手表、缝纫机、收音机)向"新六件"(电视机、洗衣机、录音机、电冰箱、电风扇、照相机)的转换后,近几年已经转向价值数万甚至数十万等级

表14 "十五"时期城乡居民生活改善情况

指标	单位	2001	2002	2003	2004	2005
城镇居民人均可支配收入	元	6860	7703	8472	9422	10493
农村居民人均纯收入	元	2366	2476	2622	2936	3255
城镇居民家庭恩格尔系数	%	38.2	37.7	37.1	37.7	36.7
农村居民家庭恩格尔系数	%	47.7	46.2	45.6	47.2	45.5

2001年—2005年城乡居民生活改善情况

的消费品。据统计,城乡居民家庭每百户电视机拥有量超过100%,已经高于世界平均水平。

20世纪90年代以后,购买商品房成为现阶段中国居民最大的消费支出项目之一。据抽样调查资料,2001年城镇居民人均居住面积达到14.1平方米。

城镇居民家庭消费中变化比较大的方面还有交通和通信。与20世纪80年代相比,中国居民特别是城镇居民购买交通、通信工具和服务的费用上升了几十倍,逐渐接近中等发达国家的消费结构。

在恩格尔指数下降的同时,城乡居民在教育、文化、娱乐方面支出的比重上

升明显,特别是城镇居民家庭教育投资观念不断加强,居民在教育方面的支出增长显著。2001年,城镇居民人均教育消费支出(包括书报杂志)461元,比1989年增长10倍以上,消费比重从3.4%增加到8.7%。中国居民在休闲、健身、旅游方面的支出增长迅速。2003年以后,历次"黄金周"出游的人次都在1亿以上。中国已经取代日本,成为亚洲地区出境旅游人数最多的国家。

当然,进入21世纪以来,城乡之间、东部和西部之间、城市范围内、农村范围内的收入差距仍然非常明显。不同收入人群的消费意愿、消费能力、消费兴趣出现比较大的差距。怎样尽快缩小这些差距,是摆在中国政府和人民面前的重要课题。

四、社会保障和公共卫生事业

中国的社会保障体系包括社会保险、社会福利、优抚安置、社会救助和住房保障等方面。它是国家给予居民的物质帮助和社会福利,解决居民在年老、疾病、伤残、遭受灾害和需要住房时面临的困难,是国家解除劳动者后顾之忧的安全保护措施。

2001年—2005年基本养老保险参保人数及其增长情况

在计划经济年代,享受社会保障的人比较少。1984年以后,中国逐步推行社会保障制度的改革,重点是养老保险和失业保险,改革的方向是"社会化",包括服务对象的社会化、资金来源的社会化(国家、集体、个人共同负担)、管理的社会化、服务设施的社会化和服务队伍的社会化。

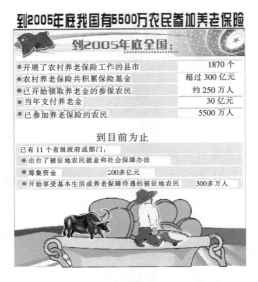

到 2005 年底有 5500 万农民参加养老保险

比较起来,农村社会保险水平仍然比较低。目前主要开展养老保险和救灾扶贫、统筹医疗项目。目前,全国有三分之一以上的乡镇建立了农村社会保障网络,数千万农民加入了养老保险。与城市相比,农村的社会保障水平低、社会化程度不足,在资金和制度方面往往面临比较大的困难,是未来中国政府将努力改善的方面。

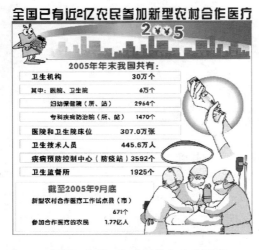

全国已有近 2 亿农民参加合作医疗

城市医药卫生体制改革也在进一步深化。政府在逐步减轻群众不合理的医药费用负担,控制医药费用的不合理增长,取得了一定进展。全国已有 95% 以上的城市开展了社区卫生服务。

按照世界卫生组织确定的标准,衡量一个国家人民健康水平主要有三大指标:人均期望寿命、婴儿死亡率和孕产妇死亡率。据统计,2004 年与 2000 年相比,中国人均期望寿命提高到 71.8 岁;婴儿死亡率从 32.2‰ 下降为 21.5‰,孕产妇死亡率从 53.0/10 万下降为 48.3/10 万。公共卫生事业的发展,为经济持续增长和社会全面进步提供了有力的保障。

 第二节

未来中国人民生活——全面小康社会

"小康社会"的设想,是由中国改革开放的总设计师邓小平提出的。他曾经说:"我们的目标,第一步是到2000年建立一个小康社会。"

20世纪70年代末开始改革开放以后,中国人民的生活得到迅速改善,首先实现了从贫困到温饱的跨越。到80年代末期,城镇居民在实现温饱的基础上开始走向小康;农村贫困人口大幅度减少,全国农民也基本上解决了温饱问题。

其次是从温饱到小康的跨越。在实现温饱的基础上,到90年代,中国居民生活水平又上了一个大台阶。联合国制定的标准为:恩格尔指数60%以上为贫困,50%—60%为温饱,40%—50%为小康,40%以下为富裕。1998年中国的恩格尔系数,城镇居民为44.5%,农村居民为53.4%,分别达到和接近联合国粮农组织提出的小康标准。

到2000年,中国人民的生活总体上达到小康水平,已经实现了邓小平在改革开放初期提出的设想,这是中国的巨大进步。但是,中国现在达到的小康还只是低水平的、不全面的、发展很不平衡的小康。

所谓低水平,就是指中国经济总量虽然已经达到很大的规模,但人均水平还比较低。

所谓不全面,就是目前的小康基本上还处于生存性消费的满足,而发展性消费还没有得到有效满足,社会保障还不健全,环境质量还有待提高。

所谓发展很不平衡,是指地区之间、城乡之间,发展水平差距依然比较大。

中国的中长期目标是建设全面小康社会,解决上述这些问题,建设一个能够让十几亿人口普遍受益的更高水平的、更全面的、更均衡的小康社会。

所谓更高水平,就是用大体二十年的时间,使中国国内生产总值比2000年翻两番,人均超过3000美元,相当于中等收入国家的平均水平。基本实现工业化,建成完善的社会主义市场经济体制和更具活力、更加开放的经济体系。

所谓更全面,就是经济、政治、文化全面发展的小康。社会主义民主更加完善,加完备,社会秩序良好。人民安居乐业,接受良好教育,实现人的全面发展。生态环境得到改善,人与自然更加和谐。整个社会走上生产发展、生活富足、生态良好的文明发展道路。

全面小康社会

所谓更均衡,就是使城乡差别、地区差别扩大的趋势逐步扭转,城镇人口比重超过50%,社会保障体系比较健全,家庭财产普遍增加,广大人民过上更加富足的生活。

"建设全面小康社会"的概念,实际上就是现代化的概念。

从具体内容来看,当20世纪七八十年代邓小平提出小康概念时,他主要集中在经济建设方面,强调人民收入水平的提高。而建设全面小康社会是一个十分完整的目标体系。中国建设全面小康社会需要着重完成四项战略任务:

一是完成由传统计划经济向市场经济的转变;

二是实现由政府主导的社会向法制主导的社会转型;

三是从乡村社会向城市社会转型;

四是由较低收入水平向较高收入水平过渡。

这是一个全面的发展计划,不仅涉及到经济增长问题,也涉及到民主政治问题;不仅涉及到经济效率问题,也涉及到社会公平问题;不仅涉及到生活方式的现代化问题,也涉及到人的现代化问题。这表明,在新的历史条件下,进一步推进中国社会主义现代化建设事业的历史任务比以往更加艰巨,需要比以往付出更多的努力。

(主要参考资料:中国网 http://www.china.com.cn/. 中华人民共和国人事部 http://www.mop.gov.cn/)

思考题：

1. 改革开放以后，中国的就业、工资、消费和社会保障情况发生了哪些变化？
2. 中国政府提出的"全面小康社会"包括哪些方面的内容？

参考资料：

1. 中国网：人民生活，http://www.china.org.cn/chinese/zhuanti/zgjk/983662.htm.
2. 阎浩著：《消费新时代》，五洲传播出版社，2006。
3. 中华人民共和国民政部，http://www.mca.gov.cn/.

第十七章

教 育

> **提要** 中国教育的历史非常悠久,并且拥有自己独特的传统。从近代以后,中国教育一直比较落后。新中国确立了完整的义务教育制度,使全民的受教育程度大为提高。改革开放以后,中国教育进行了一系列改革,目的在于使中国的教育事业更加适应市场经济发展的需要。

第一节

古代和近代教育

一、古代教育

在漫长的中国古代社会,主要有三个类型的教育机构:官学、私学和书院。

官学是指政府开办和管理的学校。

在商代,贵族的孩子们在学校里学习礼(礼仪)乐(音乐),教师由国家公务人员担任,是官办学校的雏型。西周时,教学内容发展到礼、乐、射(射箭)、御(驾车)、书(书写)、数(数学)等各个方面。

秦代以后,几乎各个朝代都设立了中央官学和地方官学,有专门担任教师的官吏,以儒家著作作为基本教材。不过,由于从隋代以后中国实行了科举制度,通过考试选拔官吏,所以,后来的官学完全服从于科举制度。科举制度在体现社会公正的同时,对教育本身的发展带来了长期的消极的影响。

西周以前,只有官学,没有私学。大多数普通家庭的孩子受教育的机会不多。

孔子像

进入春秋时代以后，儒学的创始人孔子开始尝试个人讲学，创立了私学。

孔子教育思想和教育实践是中国文化、中国教育的宝贵财富。他提出"有教无类"的主张，提倡无论贵族、平民都应该有受教育的机会，据说他的学生多达几千人。

这种新的办学形式，以教师为中心，平等地对待学生，传播本学派的思想，在教学和学生管理的方面，相对开放和自由，受到大家的欢迎，并且对以后中国的教育思想、教育方式产生了重要影响。

书院开始于唐代，有官办和私办两种。

唐代的官办书院是校对、印刷、收藏经典著作的场所；私人书院则是读书人自己治学的地方。书院曾经推动过当时的学术研究，但是也有很多变成准备科举考试的场所。

二、近代教育

1840 年鸦片战争以后，中国教育开始向近代化转变。

清朝政府陆续创办了一些新学校，采用西方教育方式和内容。同时，从 1872 年开始，向美国、德国这些先进国家派遣留学生。1898 年，清朝政府建立了京师大学堂，成为今天北京大学的前身。1905 年，清朝政府停止科举考试，实行了 1300 年的科举制度宣告废除。

1912 年，清朝被推翻以后，临时政府不再实行以忠君、尊孔、读经为中心的封建教育制度；同时制定了新学制，包括完整的小学、中学、大学和各种专业。1919 年以后，在新文化运动的推动下，学校使用白话文，男女同校，教育改革进一步发展，着重培养学生的社会责任感和实际应用能力。

不过，从整体来看，新中国成立以前的近代教育，仍然非常落后。当时，全国 80% 的青壮年是文盲，学龄儿童入学率只有 20% 左右，平均每万人只有 3 个大学生，边远地区和少数民族地区的教育更不发达。和日本相比，落后了 100 年。

第二节

当代教育

一、发展历程

建国初期，中国十分注意学习苏联的教育理论、教育经验，为当时的国家建设及时地输送了大批专业人才。不过，也出现了一些不顾中国实际情况，盲目学习苏联模式的问题。

从1966年到1976年的"文化大革命"，使中国教育受到严重破坏和损失。在这个时期，学校长期停课，高等学校有四年未能招生。在"文化大革命"的十年中，国家少培养了100多万名大学本科生和专科生。"文化大革命"结束后，教育界进行了全面整顿，恢复了高等学校全国统一招生和其他的规章制度。

改革开放以后，中国教育进行了多方面的改革，教育事业重新焕发了生机。

二、成就

首先，中国的各级教育事业获得比较大的发展。2005年，学龄儿童入学率达到98.95%，15至40岁的青壮年人口的文盲率下降到4%以下。

高等教育稳步发展，普通高等学校从1978年的598所增加到2004年的1731所。国家公派和自费留学的人员，前往世界上100多个国家和地区，其中三分之一以上已经学成回国。全国高等学校还聘请了上万名外国专家来华工作，并接受来自世界上140多个国家的留学生。

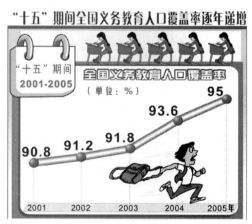

2001年—2005年全国义务教育
人口覆盖率逐年递增

其次，中国积极推进办学体制改革。由政府包揽办学的格局开始改变。办学体制向着以政府举办为主、社会各界多方筹集资金举办的方向发展。民办教育得到快速发展。2005年，全国各级民办学校在校学生达3057.55万人，比2000年增加1685.45万人，年平均增长17.38%。

新中国的教育事业既有巨大的成就,同时也存在着困难和问题。主要是:对教育事业的投入不足,一些地方和部门仍然存在着忽视教育,特别是忽视基础教育的现象。农村中小学生的失学、辍学问题比较突出,教育收费上涨过快。

 第三节

中国教育的基本制度

一、学前教育、初等教育、中等教育、高等教育的学校教育制度

在中国,幼儿园招收 3—6 周岁的幼儿,按年龄分班。幼儿园组织大量的游戏和趣味活动,让幼儿手脑并用,又玩又学,帮助他们养成良好的行为习惯和健康的体格。

中国的小学和初中教育共九年,属于国家的义务教育阶段。普通高级中学,学制为三年。

从 1995 年 9 月 1 日起,全国中小学均实行每周五天授课。小学开设语文、数学、自然、社会、体育、音乐、美术、劳动、思想品德等课程。初中开设语文、数学、历史、地理、物理、化学、生物、外语、体育、音乐、美术、劳动技术、思想政治等课程。普通高中的课程,与初中相同,但难度更大。

普通高等教育是指专科、本科、研究生等高等学历层次的教育。在中国,大学专科学制为 2—3 年,本科学制为 4—5 年,硕士研究生学制为 2—3 年,博士研究生学制为 3 年。

二、职业教育制度和成人教育制度

中国的职业教育通过职业技术学校和多种形式的职业技术培训来完成。职业教育分为高等、中等和初等三个层次。中等职业教育是中国职业教育的主体。

成人教育是以成年人为教学对象的学校教育、扫盲教育和其他形式的教育。

三、学位制度

中国的学位制度建立于 1981 年,分为学士、硕士和博士三级。

对国内外卓越的学者或著名的社会活动家,可以授予名誉博士学位。

改革开放以后,中国的学位教育取得了一定的成就。特别是进入21世纪以后,发展速度明显加快,教育规模迅速扩大。以2004年为例,当时全国共有本科院校684所,培养研究生单位769个。共招收本科生209.91万人,在校生737.85万人,毕业生119.63万人。招收研究生32.63万人,其中博士生5.33万人,硕士生27.30万人。在学研究生81.99万人,其中博士生16.56万人,硕士生65.43万人。毕业研究生15.08万人,其中博士生2.35万人,硕士生12.73万人。

为了保证学位授予质量,从1995年开始,对硕士学位授予单位和博士学位授予单位,国家每两年审核一次。

四、国家教育考试制度

凡年满六周岁的儿童均可进入小学学习。合格的小学毕业生可以免试就近升入初中学习。初中毕业生升入高中阶段学习,要经过统一考试,成绩合格才可以升入高中阶段学习。

中国的高中实行毕业会考制度,凡成绩合格均准予毕业。

普通高等学校通过全国统一考试选拔新生,一般称之为"高考"。

硕士研究生和硕士研究生班实行全国统一招生,由各省、自治区和直辖市高校招生办公室和研究生招生单位共同组织实施。各个有权组织单独考试的研究生招生单位可以自行组织考试,但必须与全国统一考试同时举行。

博士研究生招生主要由招生单位自己组织进行。

第四节

未来教育发展

在未来的中长期范围内,中国教育发展的目标是:全面普及九年义务教育,努力使"普九"人口覆盖率接近100%。进一步发展学前教育和特殊教育。高中阶段教育毛入学率争取达到80%左右。中等职业教育招生人数与普通高中大体相当。高等教育毛入学率达到25%左右。各类职业技术培训和多样化的继续教育、成人教育得到较大发展。构建学习型社会。

2006—2010年中国将全面普及九年义务教育

"十一五"时期我国将全面普及九年义务教育	
教育部部长周济2月28日在新闻发布会上说——	
"十五"期间 ◆ 全国扫除文盲　　　971.73万人 ◆ 青壮年文盲率　　　控制在4%左右	"十一五"时期我国教育发展的主要目标
到2005年 ◆ 全国普及九年义务教育的地区人口覆盖率超过95%	◆ 全面"普九" ◆ 高中阶段教育毛入学率达到80%左右
◆ 小学学龄儿童入学率　　99.15% 　　比2000年提高了0.05个百分点	◆ 中等职业教育办学规模与普通高中大体相当
◆ 初中阶段毛入学率　　超过95% 　　比2000年提高了6个百分点以上	◆ 高等教育毛入学率达到25%左右

（主要资料来源：中央政府门户网站，www.gov.cn；夏自强《中国概况》，北京航空航天大学出版社，1996）

思考题：

1. 中国古代和近代教育的主要特点是什么？
2. 新中国教育的主要成就是什么？
3. 中国教育有哪些基本制度？
4. 未来中国教育发展的目标是什么？

参考资料：

1. 中国网：教育事业，http://www.china.org.cn/chinese/zhuanti/zgjk/983662.htm.
2. 苏晓环著：《中国教育改革与创新》，五洲传播出版社，2002。
3. 中华人民共和国教育部，http://www.moe.edu.cn/.

第十八章

中国的科学技术

> **提要** 古代中国的科学技术水平曾经长时间领先于世界,为人类文明进步作出过重要的贡献。新中国成立以后,迅速建立起以中国科学院为主的科学研究体系。几十年来,中国在基础科学、应用科学技术、医学科技和高新科学技术等方面,取得了重要的成就。改革开放以后,为了逐步把国民经济转移到新的技术基础上来,中国陆续开展实施包括"863 计划"在内的多项科学研究规划。2006 年,中国政府发布《国家中长期科学和技术发展规划纲要(2006—2020 年)》,对未来中国科技发展提出更高的要求。

 第一节

中国科技发展历程

一、古代科学技术

中国的科技活动有着悠久的历史,在 16 世纪中期以前一直处于世界领先的地位。

中国人在 3000 多年以前,已经开始记录日食和其他天文现象。

公元 1 世纪初期的西汉时期,中国人发明了造纸术,公元 105 年前后蔡伦又改进和提高了造纸技术,从而使造纸技术在中国迅速推广开来。公元 3 世纪左右,中国人发明了瓷器,这一技术在 11 世纪传到波斯,由那里经阿拉伯于 1470 年左右传到意大利以及整个欧洲。到唐朝,中国科学家发明了火药,并在公元 9 世纪首次将其用于战争之中。在 11 世纪中期的宋朝,中国科学家发明的指南针和活字印刷技术得到了广泛的应用。

15 世纪中期,中国医学家李时珍所著的《本草纲目》成为中国古代医学发展的集大成者。到此时为止,中国古代科学的发展达到了顶峰时期。

二、近现代科技

1840年鸦片战争以后,中国逐渐落后。第一次世界大战结束后的1919年,"五四运动"期间,国内大力提倡"民主"与"科学",当时在美国留学的胡适等人在美国发起组织了中国第一个科学家团体。

1928年,政府成立了学术研究机构,在此后的十几年里,学习各国的经验,形成了欧美式科学技术发展模式,重视轻工业,重视通才教育,政府较少干预。这个时期的重要科研成果,包括1929年发现中国北京猿人(俗称"北京人")头盖骨化石。并且中国的科技界和国外的交流频繁,水平得到提高。

1937年,抗日战争全面爆发后,中国的科学家在艰苦、危险的环境下,在四川、广西和云南这些地方,坚持科学研究,为以后的中国保留了科学研究人才和传统。

三、新中国成立之后

1949年,中华人民共和国成立。当时的中国仅有30多个专门研究机构,全国科学技术人员不超过5万人。1949年11月,中国科学院成立,大批留学海外的学者陆续返回中国。中国逐渐形成了自己的科技体系,这种体系的重要特点是,政府规划和管理科学研究。

在改革开放以前,中国科技取得过一些重要成就。地质学家在黑龙江省发现了中国最大的油田,实现了石油自给;物理学家帮助中国成功爆炸了原子弹和氢弹;生物学家在世界上首次人工合成牛胰岛素。1970年,"东方红一号"人造地球卫星发射成功,中国开始太空探索。

四、改革开放以后

1978年,中国召开了全国科学大会。当时的中国领导人邓小平提出,要让中国变成现代化国家,关键是实现科学技术现代化。科学家们把这次会议比喻为"科学的春天"。

会议之后,中国政府先后批准建立了大批"高新技术产业开发区",制定了重要的科技发展规划。1995年,中国提出"科教兴国"战略。全社会逐渐认识到,转变经济增长方式,关键是要依靠科技。

在这种形势下,中国取得了巨大的科技成就:先后建成了正负电子对撞机、核电站、超级计算机和长征系列火箭,首先完成水稻基因组测序工作,载人航天飞行取得圆满成功,成功开发纳米"超级开关"材料。这些成就,都达到世界先进水平。

第二节

科学技术研究体系

一、自然科学方面

中国的科学技术研究机构,主要包括中国科学院、国务院各部门和地方政府所属的科研机构、高等院校的科研机构、国防科学研究机构、企业的科研机构。近几年来,民营科研机构异军突起,正在形成一支令人瞩目的力量。

中国科学院是中国自然科学的最高学术机构和综合研究中心。它下设数学物理学部、化学学部、地学学部、生物学部、技术科学部等,拥有100多个研究机构,专业科技人员数万人。研究机构分布在全国各地,并在研究机构较多的省、市、自治区设有分院。

2010年之前,中科院计划建成80个左右具有强大科技创新和持续发展能力、特色鲜明的国家研究所,争取使其中约30个研究所成为世界公认的著名高水平研究机构。

中国科学院从全国选择水平高、贡献大的科学家、教授、工程师作为院士。中国科学院院士是国家设立的科学技术方面的最高学术称号,为终身荣誉。中科院院士现有688名,其中58名院士为2003年增选,他们是历次增选中最年轻的院士,平均年龄58.86岁,最年轻的两位院士只有37岁。

中国科学院院士大会是国家在科学技术方面最高咨询机构。

1994年成立的中国工程院,是全国工程科学技术界的最高荣誉性、咨询性学术机构。在2003年增选62名新院士之后,中国工程院院士总数达到663名。

二、社会科学方面

中国社会科学院、地方社会科学院、高等院校、政府部门所属研究单位、军队所属研究单位是从事社会科学研究的五大系统。目前,从事此项研究的人员大约有10万多人。

中国社会科学院是中国社会科学方面的最高学术机构,是全国社会科学综合研究中心。

 第三节

主要科技成就

1981年到2004年,中国共取得重大科技成果近60万项,约20%的成果达到国际先进水平。

中国国际论文数量上升到世界第四位。2005年,被最有影响的三个检索系统《科学引文索引》、《工程索引》、《科学技术会议录索引》收录的中国论文共153374篇,占世界论文总数的6.9%。

越来越多的科学研究成果得到实际应用。最近20多年来,中国的专利申请量、技术合同成交总量持续增长。

中国科学家在以下方面的科研成果,对国家发展和社会进步发挥了重要作用。

一、农业科技进步

中国政府认为,中国农业的出路在于科学技术,应该把农业发展的基础从土地等自然资源转移到科学技术上。中国科学家在这方面进行了不懈的努力。

被称为"杂交水稻之父"的袁隆平,经过三十多年研究,成功利用水稻杂交优势,使每公顷产量突破了12吨,实现了国际上提出的超级稻目标。目前世界上已经有几十个国家引进、使用这种水稻,缓解了中国和世界范围内的粮食危机。

此外,中国在培育转基因抗虫棉花、利用胚胎移植技术改良牛羊品种、发展节水农业这些方面,也取得了很大进步。

二、信息技术和工业进步

传统产业在今后相当长时期内仍将是中国国民经济发展的主体,是促进经济增长的基本力量,提升传统产业技术水平是实现现代化的重要基础。通过信息技术改造传统产业,使相当一部分传统产业实现了生产的全面机械化和自动化,使各式各样的自动化生产线成为很多工厂的普通装备,其中包括计算机集成制造系统(CIMS)、计算机辅助设计(CAD)和计算机辅助制造(CAM)技术。

三、医疗保健

中国多年来有效控制甚至消灭了天花、麻疹、百日咳等重大疾病。过去肺结核等传染病是造成中国人死亡的最重要原因,而现在则降至全国前十项致死病因以外。2003年,在几个月的时间里,控制了非典型肺炎(SARS)的传播。

80年代以来,中国已经有了一个种类齐全的避孕节育技术系列。中国避孕药的研制也已进入国际先进行列,对控制中国人口增长、提高人口质量起到了重要作用。

四、环保科技

中国是世界上少数几个以煤炭为主要能源的国家之一,目前煤炭在中国能源结构中约占70％,带来了严重的环境污染和生态破坏。中国二氧化硫排放量中,约85％是燃煤排放造成的,形成的酸雨面积已超过中国国土面积的40％。

经过20多年的努力,中国在煤的燃烧、发电、转化、排放物控制等关键技术装备及其系统方面取得了不少成果,使煤炭在液化和气化以后得到更加充分和洁净的利用,相关技术已经在国内的大型企业推广使用。

2004年,经过中国科学家四年多的努力,国家天然气重点工程"西气东输"工程全线实现商业运营。工程线路总长约4000公里,解决了7000余项科技难题,采用了许多高科技手段和设备,保证了工程建设的进度和质量。

五、高新技术发展

中国在信息技术、能源技术、航空航天等高新技术领域也取得了重大进展。

从21世纪初开始,中国开始向计算机和网络核心技术进军,并取得了一些初步成果。2004年,每秒峰值运算速度10万亿次的曙光4000A系统,在上海正式启用,使中国成为继美国、日本之后第三个能制造10万亿次商品化高性能计算机的国家。同年,中国下一代互联网示范工程开通,标志着中国下一代互联网建设全面拉开序幕。

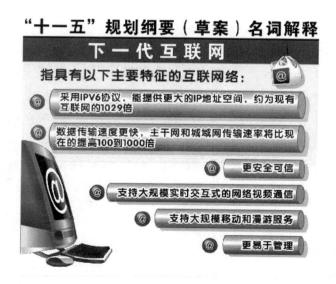

名词解释:下一代互联网

在核能利用方面，中国自主设计、自主建造第一座大型商用核电站已经全面建成投产。

在人造卫星和载人航天方面，经过三十多年的发展，中国逐渐掌握地球同步卫星控制技术，发射卫星的数量和种类越来越多。2003年和2005年，两次成功发射载人飞船，并顺利返回。

神舟六号载人飞船发射

神舟六号载人飞船归来

六、基础研究

中国在基础科学研究上投入的大量资源和人力，取得了许多科学成就。其中包括：

1998年，中国成功研制出了基因重组人胰岛素，并投放市场。由此中国成为世界上第三个能够生产、销售基因重组人胰岛素的国家，结束了中国糖尿病人依赖进口人胰岛素的历史。

1990年开始的"人类基因组计划"，主要内容是测定人基因组的全部DNA序列，从而获得人类自身最重要的生物学信息。共有美国、英国、日本、法国、德国和中国六个国家参与这项研究。中国科学家高效率、高质量地完成了所承担的测序任务。2003年，六国科学家经过13年努力共同绘制成功人类基因组序列"完成图"，比原计划提前两年。

此外，中国科学家在超导体研究、纳米科技方面，也取得重要进展。

1984年，中国科学家在云南发现大量寒武纪早期化石。这些化石生动地再现了五亿三千万年前海洋生物世界的真实面貌，中国科学家经过20年的研究，首次证实了几乎所有的动物祖先都曾经处于同样的发展阶段。美国《纽约时报》评论这是"20世纪最惊人的发现之一"。

在2005年，中国科学家帮助建设了全世界海拔最高，运行里程最长的青藏铁路，出版了全球记载种类最多的《中国植物志》，重新测定了世界第一高峰珠穆朗玛峰的海拔高程，为8844.43米。这些成就，有力推动了中国的经济社会进步。

第四节

科技规划

自上个世纪 80 年代初期以来,中国政府先后推出了多项科技计划。目前执行的主要科技发展计划有:

2006—2010 年重大科技项目和基础设施

一、国家科技攻关计划

国家科技攻关计划是第一个国家科技计划,也是 20 世纪中国最大的科技计划,1982 年开始实施。这项计划是要解决国民经济和社会发展中带有方向性、关键性和综合性的问题,涉及农业、电子信息、能源、交通、材料、资源勘探、环境保护、医疗卫生等领域。

二、国家高技术研究发展计划("863 计划")

1986 年 3 月以后,中国政府批准了《高技术研究发展计划(863 计划)纲要》。总体目标是:集中少部分精干力量,在高技术领域,缩小与发达国家的差距,为未来形成高技术产业准备条件。"十五"(2001—2005)期间,"863 计划"重点研究解决信息技术、生物和现代农业技术、新材料技术、先进制造与自动化技术、能源技术和资源环境技术等八个领域的关键问题。这个计划的实施,明显提高了中国在上述领域的竞争力。

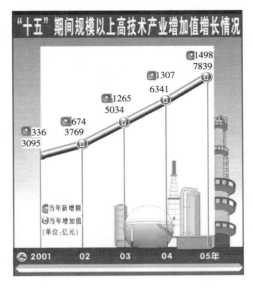

2001—2005年高技术产业增加值增长情况

三、国家重点基础研究发展计划("973计划")

1997年,中国开始组织实施国家重点基础研究发展计划,简称"973计划"。力争解决农业、能源、信息、资源环境、人口与健康、材料这些重大科学问题。从20世纪90年代末到21世纪初,"973计划"已先后启动了100多个项目,并且,中国已经向欧盟开放了"973计划"的研究项目,欧盟国家的科学家可与中国科学家联合申请、承担"973计划"项目。"973计划"逐渐成为国际合作的基础研究事业。

四、科技产业化环境建设计划

在这个计划里,人们熟悉的是"火炬计划"和"星火计划"。

1988年启动实施的"火炬计划",与"863计划"不同,重点在于加速高新技术成果的转化。"火炬计划"实施以来,已经培育了很多高科技企业,如北京开发区的方正、联想等高技术企业。

"星火计划"是经中国政府批准的第一个依靠科学技术促进农村经济发展的计划,从1986年开始实施。它的目的是:把先进适用的技术引向农村,引导农民依靠科技发展农村经济,引导乡镇企业的科技进步,促进农村劳动者整体素质的提高,推动农业和农村经济持续、快速、健康发展。到21世纪初,"星火计划"在全国农村大量推广先进适用技术,实施科技示范项目十几万项,覆盖了全国85%以上的县。

除此之外,面对未来,2006年,中国政府发布《国家中长期科学和技术发展规划纲要(2006—2020年)》,在能源、水和矿产资源、环境、农业、制造业、交通运输业、信息产业及现代服务业、人口与健康、城镇化与城市发展、公共安全领域选择了68项任务明确、有可能在近期获得技术突破的优先主题,作为重点发展方向。

(主要资料来源:中国政府门户网站 www.gov.cn)

思考题:
1. 中国的科学研究体系由哪几部分构成,其中的最高机构是什么?
2. 中国在高科技发展方面的成就有哪些?
3. 中国提出过哪些科研规划?

参考资料:
1. 中国网:科学技术,http://www.china.org.cn/chinese/zhuanti/zgjk/983662.htm.
2. 柯雁著:《中国科技:改革与发展》,五洲传播出版社,2004。
3. 中华人民共和国科学技术部,http://www.most.gov.cn/.

第十九章

中国的文化事业建设

> **提要** 中国的文化事业建设包括文学、戏剧、电影、音乐、绘画和雕塑、工艺美术、文物保护和博物馆、图书馆和档案馆这些方面。在已经取得很大成就的同时,中国的文化事业建设也迫切需要改革原有的体制,由单纯的"事业化"向"事业化"和"产业化"并重的方向发展。

第一节

中国的文化传统和现状

一、文学

中国的文学传统,和历史、哲学传统一样悠久。

代表这种传统的文学作品,包括公元前六世纪集体创作的《诗经》,战国时期由屈原独立创作的《离骚》和同时期的大量散文,汉代司马迁的《史记》,充满人生感叹的魏晋诗歌,以李白、杜甫为代表的辉煌的唐代诗歌,豪放与婉约并存的宋词,以及不断向世俗化方向发展的元曲、以《三国演义》、《水浒传》、《西游记》、《红楼梦》为代表的明清小说。

中华民族的宇宙观是从3000多年以前逐渐形成的,神秘色彩比较少,所以,中国文学除了和世界其他各民族文学一样重视表现感情以外,又显示出自己独特的精神风采。那就是,中国文学所表达的感情,主要是和现实的、世俗的生活有关系的感情,如粮食丰收的喜悦、男女之间的爱情、怀念在外征战的丈夫等等。中国文学史很少受到宗教理想的影响,尤其是很少受到比较激烈、偏执情绪的感染,大部分的中国文学作品,表现出的是平和的感情、情绪。

这样丰富和具有特色的中国文学传统，对古代的东亚文学和现代的中国文学发展有着深刻的影响。

鸦片战争以后，中国大大落后于世界工业强国，多次遭到其他国家的侵略。因此，中国文学的发展和表现的内容，集中在"救国图强"这一个主题上。

中国文学传统的关注现实的精神，在这个时期，比较多地表现为对国家命运和个人发展的关注。中国现代文学的代表，是生活在中国内忧外患时期的鲁迅（1881—1936）。他的小说，沉痛地反思中国文化传统的阴暗面；他的杂文，尖锐地斥责中国人在现实生活当中所表现出的丑恶面貌；而他的散文诗，则表现了他作为一个中国知识分子所具有的强大的人格力量。以鲁迅为代表的中国现代文学，表现出一种文学传统，也是一个民族最为可贵的素质：顽强的生命力。他的文学成就，是中国现代文学一直发展到今天，还未能超越的典范。

改革开放以后的中国文学，陆续经历了对"文化大革命"的反思、对古老中国文化传统的回归和对于当代外国文学（主要是20世纪80年代以后欧洲和拉丁美洲的）成就的借鉴，获得了建国以来空前的繁荣，回归了中国文学一贯的抒情性传统，但至今缺乏世界水平的作品。

二、戏剧

中国的传统戏剧，与古代希腊悲喜剧和古代印度梵（fàn）剧，并称为世界三大古老的戏剧文化。中国的传统剧种有300多个，多数是地方性的，较为活跃的有越剧、黄梅戏、川剧、豫剧、粤剧等。西藏的藏戏具有浓郁的宗教色彩和藏民族特色，风格豪放。

京剧是最有名的传统剧种。它在200年前形成于北京，集戏曲、歌唱、音乐、舞蹈、武功于一体，是独特的综合性艺术。剧中的角色分为生、旦、净、丑四种行当。最受观众欢迎的曲目有《三岔口》、《秋江》、《闹天宫》等等。

中国话剧是在外国文化影响下产生的新剧种。20世纪初，中国出现了话剧团体。三四十年代，中国话剧走向成熟，先后上演了曹禺的《雷雨》、《日出》和郭沫若的《屈原》这些有影响的剧目。成立于1952年的北京人民艺术剧院，代表中国话剧表演的最高水平。

改革开放以后，一批中青年剧作家在内容和形式上对话剧进行了新的探索和改革，创作出《绝对信号》、《街上流行红裙子》、《一个死者对生者的访问》等优秀作品。近年来，中国的话剧创作正向着更加丰富多采的方向发展，有的表现历史题材，有的注重地方特色。其中，在小剧场上演的、表现当代人生活的先锋派话剧得到比较多青年观众的支持。

三、电影

1896年,电影传入中国。20世纪80年代中到90年代初,是中国电影发展史上的一个高峰。这一时期的中国电影,更加关注现实,电影创作活跃,电影语言风格多样,拍出了一批优秀影片,如《老井》、《红高粱》、《秋菊打官司》,在国内外引起巨大的反响,并相继获得世界电影的一些最高荣誉,使中国电影界在脱离了世界影坛几十年以后,重返世界电影大家庭。在此期间,被称为"第五代导演"的张艺谋等人的崛起令国内外瞩目。

20世纪末21世纪初,中国电影作品趋于平民化,大多以纪实手法表现普通百姓生活中的喜怒哀乐。以春节前后推出的"贺岁片"为代表的商业电影逐渐成熟,这些具有喜剧色彩的影片,表现的多数是平民故事。

四、音乐

依据在中国河南省出土的骨笛测定,中国音乐的历史可追溯至七八千年之前。在长期发展过程中,逐步形成了五大类传统音乐:歌曲、歌舞音乐、说唱音乐、戏曲音乐和器乐。

在隋唐之前的1000多年中,能够享受音乐的,还是帝王和贵族。普通百姓只能从民歌中感受到音乐的乐趣。进入隋唐时代,这一现象有所改变:佛教寺院成为平民的音乐活动园地;酒楼也经常有诗歌吟唱。宋朝以后,琵琶、筝这些乐器得到进一步发展。明、清时期,说唱和戏曲艺术更加成熟和丰富。到了清代,以胡琴为主的弓弦乐器逐渐成熟,在戏曲伴奏和合奏方面的作用越来越大。

20世纪,在抵抗外国侵略的战争中,出现了成千上万具有时代精神的歌曲、交响乐、大合唱,比如《义勇军进行曲》(后来成为中华人民共和国国歌)、《保卫黄河》。

中华人民共和国成立后,中国的音乐家们创作出了一批时代性、艺术性、民族性俱佳的作品,包括大型舞蹈史诗《东方红》、电影音乐作品《刘三姐》、钢琴曲《黄河》。

改革开放以后,中国音乐恢复了和外国音乐的交流。中国人不仅可以欣赏到传统的中国古典、民间音乐,而且逐渐熟悉了爵士乐、摇滚乐和更多的外国音乐作品、音乐家。

五、绘画和雕塑

距离现在5000年左右,中国人开始在岩石、彩陶器皿上绘画,线条简练,形象生动。

隋、唐、五代至宋，是中国古典绘画的繁荣时期。隋代展子虔的《游春图》是中国绘画史上著名的山水画。唐代画家吴道子被称为"画圣"，他的人物画形象传神，历代收藏家都很重视他的作品。宋代张择端的《清明上河图》，长2.58米，通过世俗生活的细致描绘，展示了北宋首都的繁荣景象，既是一件伟大的现实主义绘画艺术珍品，又为后人了解北宋时期大都市中商业、手工业、民俗、建筑、交通工具提供了形象资料，具有重要的史料文献价值。

清明上河图（部分）

"五四"运动以后，中国美术界学习和引进西方艺术，其中，徐悲鸿吸收西方艺术中重视人体解剖、造型精确的特点，与中国画有机地融合起来，在美术实践、美术教育方面作出了开创性的贡献。

20世纪80年代，中国进入改革开放新时期，油画同中国美术的创作一样，发生了重大转变。出现了《父亲》这样的具有现实主义特色的优秀作品。80年代末期以后，中国油画出现了空前的多样化的局面。

早在原始社会末期，中国人就能够制作精美的泥塑和陶塑了。1974年，在西安附近出土的大约6000件秦朝兵马俑，震惊世界，它

秦朝兵马俑

们按照真人真车真马的比例制成，形象生动，栩栩如生，每一件都是举世无双的艺术品。

甘肃敦煌莫高窟、山西云岗石窟、河南龙门石窟和青海麦积山石窟是中国石窟艺术的杰出代表。石窟作品多数是佛教题材，其中的神话人物，形象丰满，造型生动。敦煌莫高窟，有大小洞窟7000多处，藏有文书5000多件，壁画45000多米，彩塑3000尊，是世界上独一无二的佛教艺术宝库。

改革开放以后，中国的雕塑艺术进入崭新的时期，出现了新的艺术观念和表现方式。钢、铁、木、石这样的硬质材料作品增多，风格更加多样化。

山西大同云冈石窟
(《游遍中国》,吉林摄影出版社)

六、文物保护和博物馆

中国是世界上著名的文明古国,已知的地上、地下不可移动文物有近 40 万处。(见下页表)

中国政府按照文物价值的大小,确定文物保护单位的级别,分为全国重点文物保护单位、省级文物保护单位、县级文物保护单位。确定那些文物丰富、具有重大历史价值和革命意义的城市为历史文化名城。目前,共有 500 多处全国重点文物保护单位,其中包括天安门、八达岭长城、敦煌莫高窟、布达拉宫、秦始皇陵等等。

目前,中国已参加全部四个文物保护国际公约。截止 2008 年 7 月,已经有 37 项文化和自然遗产被列入《联合国世界遗产名录》,它们包括北京故宫、山西平遥古城、澳门历史城区、四川大熊猫栖息地等等。

丰富的文物为博物馆事业的发展提供了优越条件。到 2005 年,中国的博物馆从 1949 年的 21 座增加到 1517 座,加上民间兴办的特色博物馆,全国各类博物馆已达 2000 余座。到 2015 年,中国将在现有基础上再建 1000 座博物馆,基本实现每个中等城市拥有一所功能齐全的博物馆。

七、图书馆和档案馆

到 2004 年底,全国有 2710 家公共图书馆,总藏量达 4 亿多册(件)。中国国家图书馆,位于北京,拥有 2500 万册(件)馆藏,是亚洲最大的图书馆,中文馆藏数量居世界第一。目前正在向数字化图书馆的方向发展,以满足更多读者的阅览需要。

中国的世界遗产（名单）

自 1987 年至 2006 年 7 月 13 日,中国共有 33 处文化遗址和自然景观被列入《世界遗产名录》,其中,文化遗产 23 项,自然遗产 5 项,文化和自然双重遗产 4 项,文化景观 1 项。

地域名称	批准时间	遗产种类
长城	1987.12	文化遗产
北京故宫	1987.12	文化遗产
陕西秦皇陵及兵马俑	1987.12	文化遗产
甘肃敦煌莫高窟	1987.12	文化遗产
周口店北京猿人遗址	1987.12	文化遗产
山东泰山	1987.12	文化与自然双重遗产
安徽黄山	1990.12	文化与自然双重遗产
湖南武陵源国家级名胜区	1992.12	文化遗产
四川九寨沟国家级名胜区	1992.12	文化遗产
四川黄龙国家级名胜区	1992.12	文化遗产
西藏布达拉宫	1994.12	文化遗产
河北承德避暑山庄及周围寺庙	1994.12	文化遗产
山东曲阜的孔庙、孔府及孔林	1994.12	文化遗产
湖北的武当山古建筑群	1994.12	文化遗产
江西庐山风景名胜区	1996.12	文化遗产
四川峨眉山—乐山风景名胜区	1996.12	文化与自然双重遗产
云南丽江古城	1997.12	文化遗产
山西平遥古城	1997.12	文化遗产
江苏苏州古典园林	1997.12	文化遗产
北京颐和园	1998.12	文化遗产
北京天坛	1998.12	文化遗产
重庆大足石刻	1999.12	文化遗产
福建省武夷山	1999.12	文化与自然双重遗产
四川青城山和都江堰	2000.11	文化遗产
河南洛阳龙门石窟	2000.11	文化遗产
明清皇家陵寝：明显陵（湖北钟祥市）、清东陵（河北遵化市）、清西陵（河北易县）	2000.11	文化遗产
安徽古村落：西递、宏村	2000.11	文化遗产
山西大同云冈石窟	2001.12	文化遗产
云南"三江并流"景观	2003.7	文化遗产
高句丽王城、王陵及贵族墓葬	2004.7	文化遗产
澳门历史城区	2005.7	文化遗产
四川大熊猫栖息地	2006.7	文化遗产
河南安阳殷墟	2006.7	文化遗产

中国的世界遗产

档案馆是集中保管国家重要档案的场所。到 2005 年末,全国共有档案馆 4012 个。中国目前保管的最早的馆藏档案是唐朝的,也保存了元、明、清、民国时期的一些档案,不过,大部分档案馆馆藏,是中华人民共和国建国后形成的档案。根据《档案法》的规定,对馆藏满 30 年的档案,要分期分批向社会开放。为此，各级档案馆积极进行开放工作，截止 2005 年，已开放各类档案 6016 万卷（件），近年来，平均每年接待利用档案资料者上千万人次。

 第二节

文化体制建设和改革

文化体制建设和改革，既包括社会思想的更新，也包括制度和机构的进步。

一、文化体制建设和改革的历程

改革开放以后，中国的文化体制建设和改革大致经历了三个发展阶段。

从 1978 年到 1992 年，中国逐渐摆脱"文化大革命"带来的混乱局面，首先恢复了"文化大革命"以前的文化体制，然后开始进行改革。

文化事业出现了复苏和繁荣。艺术家们先后创作出电影《老井》、《红高粱》，报告文学《哥德巴赫猜想》和大量的"反思文学"、"寻根文学"作品。很多作品在国际上获奖，中国文学艺术家们重新回到了世界文化艺术大家庭。

与此同时，随着中国经济建设和改革开放的深入，这种建立在计划经济基础上，参考苏联模式建立的文化体制逐渐暴露出它的弊端。在这种体制下，国家对文化艺术工作采取行政管理方式，实行单一公有制，国家财政负担全国所有的文艺团体。在分配上，平均主义色彩浓厚，作品水平的高低、演出水平的高低与收入没有联系。缺少正常的人员流动和淘汰机制，机构庞大，效率低下。另外，过去在计划经济体制下，没有也不需要文化市场，即使有，也难以得到承认，也不合法。

20 世纪 80 年代以后，在中国政府的统一领导下，文化体制改革逐渐展开。在这一阶段的改革中，最重要的收获，是文化市场的发展和地位得到承认。

1988 年，中华人民共和国文化部和其他管理机构发布《关于加强文化市场管理工作的通知》，正式提出"文化市场"的概念，同时明确了文化市场的管理范围、任务、原则和方针。中国文化市场的地位正式得到承认。第二年，政府开始建立全国文化市场管理体系。

从 1993 年到 2002 年的第二个阶段，中国正式提出"文化产业"这一概念，要求完善文化产业政策，加强文化市场建设和管理，推动有关文化产业发展。

各地开始组建文化集团，到 2002 年初，共组建了 70 多家文化集团，包括中国广电集团和中国出版集团。这项改革，调整、集中了文化资源和文化市场，调动了广大职工的积极性和主动性，有利于多出优秀作品和优秀人才。

与此同时，政府仍然掌握文化集团重大事项的决策权、资产配置的控制权、

宣传业务的审核权、主要领导干部的任免权。并且要求文化管理机构和文化集团，把社会效益放在首位。

这一阶段，文化事业迅速发展，实力得到明显增强。据统计，从1990年到2002年，广播电视播出机构从1000个增加到1988个，广播和电视的人口覆盖率分别从73%和80%增加到90%以上；2001年中国音像市场销售总额达到200多亿，比改革开放初期增长了1000倍。但从总体上看，这一时期的发展，主要是规模的扩大和数量的扩张。

2002年以后，文化体制改革进入第三个阶段。2003年，政府分别提出了"文化事业"和"文化产业"的改革方向：对公益性文化事业机构，要加强人员、收入和社会保障制度改革，加大国家投入，增强活力，改善服务；对经营性文化机构，要创新、转换机制，使它们面向市场，提高生存和发展的能力。在这一年，政府明确提出，文化体制改革要形成一批大型文化企业集团。

这一阶段的改革在资金领域取得突破。长期以来，中国文化投资、融资过分依赖政府，投资主体单一，民间资本与外资投资渠道不畅，影响了社会资本进入文化产业。

目前，文化管理机构陆续取消了一些限制，鼓励民营企业投资文化领域。民营企业已经成为许多文化领域投资的主要力量。据统计，2003年全国共制作电影197部，其中民营公司投资60部，在2004年上半年生产的100多部影片中，民营企业参与制作的占80%。在每年10000部（集）的电视剧中，民营公司投资20多亿元。民营影视企业已经成为中国影视产业的重要力量。

随着文化体制改革的深入，一些文化企业进行了股份制改造，实现了到资本市场融资。截止2005年，在深、沪两个资本市场上市的公司中，有50多家涉足文化产业。

二、未来文化体制改革的方向

与社会进步和人民群众的需求相比，精神文明建设的很多方面，进步缓慢。文化体制建设和改革需要作出更多的努力。

目前中国文化体制中存在的问题主要包括：很多管理机构和经营者的观念陈旧，还没有充分适应和熟练运用市场机制，很多文化、艺术、教育机构缺乏活力，难以维持正常运转。2001年底，中国加入世界贸易组织（WTO）以后，中国文化市场面临的交流和竞争更加频繁。随着数字技术的迅猛发展，网络技术在人们文化生活中的影响越来越大。它们推动了新的信息传播方式和娱乐产品的出现，比如受到广大青少年喜爱的网络游戏。而中国在这个方面落后于欧美甚至亚洲的先进国家。

在未来的更为深入的文化体制改革中,中国将继续坚持把社会效益放在首位的原则,同时重视实现经济效益,使社会效益和经济效益在文化艺术产品中、在市场中得到统一。

现有的公益性文化事业机构,多数机构庞大,效率低下。例如,全国仅文化部系统就有文化事业机构5万多个,从业人员近40万。目前来看,可以首先在一些地区、一些行业范围内实行改革试点,在取得成功经验以后,再全面推广,彻底解决公益性文化事业机构活力不足的问题。

经营性文化产业的改革重点,是通过公司制、股份制改造,加快形成一批文化企业,塑造文化产业市场主体。目前有两个主要途径:其一,是在文化体制改革中,积极推进一批国有文化事业机构,尽快建立现代企业制度,形成一批有实力、有创造力、有竞争力的大型文化企业和企业集团。其二,是放宽文化市场准入条件,鼓励非公有制文化企业发展。

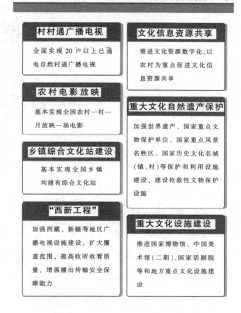

2006—2010年公共文化建设重点工程

(主要资料来源:中国政府门户网站 www.gov.cn;中国社会科学院《2005年中国文化产业发展报告》,社会科学文献出版社2005年)

思考题:

1. 在各个文化种类当中,你有兴趣并且了解较多的是哪些?
2. 中国文化体制改革的基本方向是什么?
3. 贵国在保护传统文化、发展文化产业方面有哪些成功经验?

参考资料:

1. 中国网:文化事业,http://www.china.org.cn/chinese/zhuanti/zgjk/983662.htm.
2. 方李莉著:《中国陶瓷》,五洲传播出版社,2005。
3. 李朝远等著:《中国青铜器》,五洲传播出版社,2004。
4. 靳之林著:《中国民间美术》,五洲传播出版社,2004。
5. 汪光焘著:《北京历史文化名城的保护与发展》,五洲传播出版社,2005。
6. 黎先耀、罗哲文著:《中国博物馆》,五洲传播出版社,2004。
7. 中华人民共和国文化部,http://www.ccnt.gov.cn/.

第二十章

中国的新闻出版事业

> **提要** 中国的新闻出版事业大多是建国以后建立起来的,在改革开放以后,获得了空前快速的发展。目前包括通讯社系统、广播电视系统、报刊书籍系统在内,有效地承担着在全国传播信息、沟通交流的任务。同时,在通讯日益全球化的时代背景下,中国的新闻出版事业,也在通过卫星、网络这些高新技术手段,走向世界。

第一节

新闻事业

中国宪法保障公民的言论自由和新闻自由。

20世纪80年代以来,新闻事业随着经济的发展呈现出多样化趋势,目前中国有2000多家报纸、282座广播电台和374座电视台。到2004年底,全国广播人口覆盖率和电视人口覆盖率分别达到94.1%和95.3%,基本形成了卫星、无线、有线等多种传输方式并存的广播电视覆盖网络。

中国的新闻体系主要包括通讯社、报纸、广播、电视、国际互联网络这些部分。

一、通讯社

中国现有两家通讯社:新华通讯社和中国新闻社。

新华通讯社简称"新华社",是中国国家通讯社,是国家集中统一的新闻发布机关。总社设在北京。

新华社在总社之外,国内外都设有分社。在国内,除台湾省以外的省、自治区、直辖市和香港、澳门地区均有分社;在亚太、中东、拉美、非洲等地设有一百多个分社。

国务院新闻发布会

作为全世界主要的国际性通讯社之一,新华社对国内,每天通过专线向全国性和地方性报纸以及电台、电视台播发新闻。对国外,每天用中、英、法、西、俄、阿拉伯、葡萄牙七种文字向世界各地不间断地播发新闻。此外,新华社每天还向国内外发布经济信息,提供新闻图片,并根据用户的需要提供中文专稿和英文特稿。

中国新闻社简称"中新社",成立于1952年,主要面向海外华人、华侨和香港、澳门、台湾同胞发布新闻。总社设在北京。

截至目前,中国新闻社的主体新闻业务已经涵盖了新闻、图片、专稿、特稿、电视、电影、杂志、网络、出版社等等,在内地27个省、市、自治区建立了50多个分支机构,在香港、澳门和国外建立了7个分社,在台湾地区设立了办事处。

中新社的新闻产品,以中文、英文、日文等多种语言,通过卫星、因特网、光缆等技术传播手段,向全球500多家新闻媒体和7个大型通讯社传送。

二、报纸

1950年至2000年,中国报纸的种类增长近10倍。2004年,全国仅日报就有400余种,发行量8000多万份,中国成为世界头号日报大国。2004年,全国总共出版印刷报纸257.7亿份,几乎相当于全国每人拥有报纸20份。

针对不同的读者群,报纸的形式也日益丰富多彩。报业重组是近年来的一大发展趋势,目前全国范围内已组建了北京日报报业集团、文汇新民联合报业集团和广州日报报业集团等39家报业集团。

2003年以来,平面媒体跨区域合作成为新热点,由光明日报报业集团与南方日报报业集团共同投资、共同主办的《新京报》,是中国第一张得到政府正式批准的跨地区创办的报纸;而在上海面世的《瞭望东方周刊》,其最大股东是总社设在北京的新华社。

三、广播

中国的国家广播电台,名称是中央人民广播电台。目前开办有9套节目,每天播音200多个小时,全部通过卫星播出。各省、市都设有自己的广播电台。

中国国际广播电台是中国唯一的对外广播的国家电台,使用38种外语、汉语普通话和四种汉语方言向世界各地播出,还开办了对国内的英语、西班牙语、法语、德语、日语节目,以及对广东、香港地区的英语、普通话和广州话广播。每天播音300多个小时。播出内容一般包括新闻、国际问题评论、介绍中国情况的专题节目和文艺节目。

目前,中国国际广播电台的播音时间长度和播音语言种类,在世界各国对外广播中居第三位。

四、电视

在中国的新闻事业中,电视兴起最晚,但发展最快。

1958年,中国建立第一家电视台,原名北京电视台,1973年,彩色电视试播成功。1978年改名为中央电视台。现在,中国已有电视机超过3.7亿台,电视观众超过11亿人。中央电视台已经发展成为全国规模最大、实力最雄厚的电视台,它与130多个国家和地区的250多个电视机构有业务联系。为顺应国际电视行业的发展潮流,它的电视频道逐渐向专业化方向发展,其中第四套节目已经实现全球覆盖,继2003年增设新闻和少儿两个专业频道后,又推出了音乐频道、法语频道、西班牙语频道。

1992年,北京有线电视台正式开播,原来只能收到几个频道的电视观众,现在可以看到几十个频道的清晰的节目。此后不久,全国各省、市、区相继建立了有线电视台,节目内容大大丰富。目前,国内各大城市,正在推广使用更加先进的数字电视。与此同时,国内的网络电视、手机电视、移动电视用户数量,也在迅速增加。

中国定期举办上海电视节、北京国际电视周、中国广播电视博览会和四川电视节这些大型国际电视展示活动,除了评比、颁奖以外,还进行电视学术交流和电视节目的进出口交易。上海是亚洲目前最大的电视节目交易市场。

中国加入世界贸易组织后,主流媒体特别是电视产业,与民间资本、电信资本、国外和境外资本的合作,不断加强。一些地方开始组建跨媒体、跨地域、多元化经营的媒体集团,来应对国外和境外媒体进入中国市场带来的挑战。2001年底,中国广播影视集团成立,集中了中央电视台这样的电视、电影、网络公司的资源和力量,拥有电视、网络、出版、广告等多种业务,成为中国目前规模最大、实力最强的多媒体集团。2003年,凤凰卫视、彭博财经、星空卫视、欧亚体育、华娱电视等30家境外电视有限度地进入了中国市场。与此同时,中央电视台的英语频道也进入了美国市场。

五、国际互联网络在中国的发展

90年代后期以后,在传统媒体发展的同时,国际互联网络在中国获得惊人的发展。截至2008年2月,中国网民数达2.21亿人,超过美国居全球首位。全国一万多家传播媒体中已经有2000多家上网;一批按照新闻媒体传播流程运作的知名网站已初具规模,并在新闻报道中发挥了优势。专家预测,在21世纪,网络媒体与传统媒体,将在信息技术基础上融合,成为声像图文并茂的多媒体新闻平台。

一名女子在上海虹桥机场通过无线网卡上网

在家通过宽带上网

中国网信息平台于1997年1月1日正式开通运行。它是中国最早的网上媒体之一。全面介绍中国信息,有汉语、英语、法语、俄语、西班牙语、阿拉伯语和日语、韩国语版本,其网址为 http://www.china.com.cn/ 。它的内容包括:中国新闻、专题(比如政府白皮书和新闻发布会信息)、数据资料、中国各地概况、出版物,内容全面,更新及时。

与中国网类似的网络媒体还有2006年元旦正式开通的中国政府网。它不仅全面、权威地介绍中国的政治、经济、法律和社会发展情况,而且提供政府各个职能部门的信息、公告和链接,提高了国家政务公开的程度和工作效率,能够为那些在中国工作、学习和旅行的中外人士,提供便捷的帮助。网站的地址是 http://www.gov.cn/,目前提供中文简体、中文繁体和英文版本的服务。

目前,访问人数和使用频率最高的中文网站有新浪 http://www.sina.com.cn、"网易" http://163.com 和"搜狐" http://sohu.com。腾讯公司推出的

http://www.qq.com 网站,提供聊天软件 QQ,方便简捷,具有强大的网络搜索、查询、联络和传递功能,受到网民的欢迎,在目前的中国网站中,列第四位。

著名的门户网站雅虎开设了自己的中文版雅虎中国 http://cn.yahoo.com/。其他著名网站比如 google 和 msn,在 2004 年之后,纷纷推出中文服务。这些软件和服务,大大改变了中国人的生活习惯,特别是在获取信息和交往联络的方面。

根据最新的统计,人们上网已经不限于收发电子邮件、浏览新闻、交友、使用网络电话、网上买卖新旧货物和新年时候发送电子贺卡,今天中国人的重要生活内容,还包括制作个人主页(Homepage)和开设博客(Blog,网络日志),更加自由地展示自己和发表看法。在博客中国 www.bokee.com 和和讯博客 http://blog.hexun.com/这些著名网站注册的博客,都达到数十万,而且写作和交流十分活跃。

中国和日本、欧洲一起,积极参加以 IPV6 技术为代表的下一代互联网开发,并且在 2004 年以后,已经取得阶段性进展。在不久的将来,随着下一代互联网技术的成熟,中国的 IP 地址资源将更加丰富,可以加入和享受互联网服务的用户将大幅度增加,国家的工作效率和人们的生活方式,将得到更大的改善和提高。

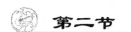
第二节

出版事业

中国是世界上最早发明造纸和印刷术的国家,编撰(zhuàn)图书的历史悠久。据统计,从汉代到清朝末年的两千多年中,总共编撰流传下来大约 18.17 万部图书,达 236.7 万多卷。从 1921 年到 1949 年的这段时间里,又出版了大约 10 万种图书。

中华人民共和国建国以后,50 年代初,中国政府设立了出版总署,统管全国的出版工作;之后,又分别成立了中央一级的出版社和各省、自治区和直辖市一级的地方出版社以及中央各部门所属的出版社。改革开放以后,各类出版社和杂志社的数量更如雨后春笋般地不断增长。2004 年,全国总共出版印刷各类杂志 26.9 亿册,图书 64.4 亿册。

目前中国共有 568 家出版社,音像出版机构 292 家。中国的出版社原来大多是按照专业分工建立的,都有自己特定的出书范围。比如人民出版社,主要出版政治、经济、国际等方面的文件、文献和学术专著;人民文学出版社主要出版文学作品和文艺理论著作;中华书局着重出版中国古籍图书;商务印书馆着重出版外国哲学、社会科学著作和中外语文工具书、参考书;荣宝斋,则是以传统的木版水印方法出版古代字画。现在这一分工被慢慢打破,各出版社发扬自己优势的同时也向全面发展。此外,随着信息化进程的加快,中国迅速形成了电子出版物市场,目前已经达到相当规模,每年向社会提供2000多种电子出版物。

为了履行中国对世界贸易组织的承诺,中国政府颁布了《外商投资图书、报纸、期刊分销企业管理办法》,规定从2003年5月1日起,允许外国投资者在中国市场从事图书、报纸、期刊零售业务;对于设立外商投资图书、报纸、期刊批发企业的规定,已于2004年12月1日施行。该办法还明确规定外商投资设立图书、报纸、期刊零售、批发企业,必须得到中华人民共和国新闻出版总署批准。

出版事业

目前,已有60多家外资企业在中国大陆设有办事机构,准备和正在申请投资设立图书、报纸、期刊分销企业。

(主要资料来源:中国网 http://www.china.com.cn;中国社会科学院《2004—2005年:中国传媒产业发展报告》社会科学文献出版社2005年)

思考题:
1. 中国的新闻体系主要由哪些部分构成?
2. 加入世界贸易组织对中国的新闻出版业有什么影响?
3. 贵国的新闻出版业与中国有何异同?

参考资料:
1. 中国网:文化事业,http://www.china.org.cn/chinese/zhuanti/zgjk/983662.htm.
2. 王天德,吴吟著:《网络文化探究》,五洲传播出版社,2005。
3. 2003年度中华人民共和国国务院新闻办公室编著:《中华人民共和国国务院新闻办公室新闻发布会集》,五洲传播出版社,2004。
4. 中华人民共和国新闻出版总署,http://www.gapp.gov.cn/GalaxyPortal/inner/zsww/frame.jsp.

第四单元练习

一、选择正确答案：

1. 中国环境保护工作的重点是 （　　）
   A. 野生动植物保护　　　　　B. 城市生活垃圾处理
   C. 农村污染防治　　　　　　D. 工业污染防治

2. 关于生态保护与建设，以下哪个方面的介绍是错误的？ （　　）
   A. 为了使草原植被得到有效恢复，截至 2005 年底，有 20% 的可利用草原实施了禁牧、休牧和划分区域轮换放牧。
   B. 虽然开展了植树造林，但是，由于气候原因和人为破坏，近年来，全国森林覆盖率不断下降。
   C. 与 1999 年相比，到 2004 年，全国荒漠化和沙化土地面积有所减少。
   D. 近年来，为了保护渔业资源，中国实施了休渔制度和海洋捕捞产量"零增长"等措施。

3. 以下关于中国就业状况的介绍中，哪个部分与事实不符？ （　　）
   A. 改革开放以后，虽然中国经济取得很大进步，但是，中国的就业矛盾还是十分突出。
   B. 造成就业问题的主要原因是，劳动年龄人口众多，国民教育水平比较低。
   C. 近年来，在中国政府采取多种措施之后，城镇失业率持续下降。
   D. 中国实行积极的就业政策和市场导向的就业机制，通过发展经济特别是第三产业来扩大就业，解决就业问题。

4. 以下关于"全面小康社会"的介绍中，哪一句是不真实的？ （　　）
   A. 中国政府希望，到 2050 年，使中国国内生产总值比 2000 年翻两番，人均超过 3000 美元，达到中等收入国家的平均水平。
   B. 基本实现工业化，建成完善的社会主义市场经济体制和更具活力、更加开放的经济体系。
   C. 整个社会走上生产发展、生活富足、生态良好的文明发展道路。
   D. 乡差别、地区差别扩大的趋势逐步扭转，城镇人口比重超过 50%，广大人民过上更加富足的生活。

5. 提出"有教无类"这一教育思想，倡导受教育权利平等的人是 （   ）
   A. 孔子　　　B. 秦始皇　　　C. 孙中山　　　D. 毛泽东

6. 中国职业教育的主体是 （   ）
   A. 初等职业教育　　　　　　B. 中等职业教育
   C. 高等职业教育　　　　　　C. 包括以上全部

7. 中国自然科学的最高学术机构和综合研究中心是 （   ）
   A. 中央研究院　　　　　　　B. 中国科学院
   C. 中国科协　　　　　　　　D. 全国科学大会

8. 代表中国农业科技进步的成就是 （   ）
   A. 中国科学家高效率、高质量地完成了所承担的"人类基因组计划"DNA测序任务。
   B. 1998年，中国成功研制出了基因重组人胰岛素，并投放市场。
   C. 袁隆平教授研究培育成功高产"杂交水稻"。
   D. 由南京地质古生物研究所陈均远研究员、云南大学侯先光教授和西北大学舒德干教授承担的"澄江动物群与寒武纪大爆发"研究项目。

9. 中国的科技发展计划中，哪项计划的重点在于把先进适用的技术引向农村，推动农民和乡镇企业的科技进步？ （   ）
   A. 863计划　　　　　　　　B. 973计划
   C. 火炬计划　　　　　　　　D. 星火计划

10. 以下哪一组作品属于中国古代文学作品？ （   ）
    A.《史记》、《水浒传》　　　B.《雷雨》、《日出》
    C.《黄土地》、《老井》　　　D.《东方红》、《刘三姐》

11. 以下关于中国文化体制改革的介绍中，哪项说法是错误的？ （   ）
    A. 很多文化管理机构和经营者的观念陈旧，没有认识到市场机制的作用，很多文化、艺术、教育机构缺乏活力。
    B. 中国加入世界贸易组织以后，国外、境外文化产业投资者，给国内文化产业经营者带来新的压力。
    C. 数字技术、网络技术的影响越来越大，中国在这些方面落后于欧美甚至亚洲的先进国家。

D. 文化体制改革可以借鉴经济体制改革的经验,因为文化没有意识形态属性,具有产业属性。

12. 中国集中统一的新闻发布机关是 （   ）
    A. 中央电视台   B. 新华社
    C. 中新社   D. 中央人民广播电台

13. 以下介绍国际互联网络在中国发展情况的文字中,哪个部分是不真实的? （   ）
    A. 到2005年底,中国互联网用户人数超过1亿,居世界第二位。
    B. 中国开通了"中国网"和"中国政府网",用各种语言全面介绍中国的发展情况。
    C. 浏览网页、使用QQ等软件聊天、制作个人主页和开设"博客",成为人们新的学习和交流方式。
    D. 随着上网人数的增加,在不久的将来,中国的IP地址资源将趋于短缺,可以加入和享受互联网服务的用户将逐渐减少。

二、判断正误:
1. 中国政府计划,到21世纪中叶,在全国建立起适应国民经济可持续发展的良性生态环境。 （   ）
2. "绿色江河"是中国著名的民间体育运动组织。 （   ）
3. 随着经济结构调整,中国从传统产业分流了一大批人员,他们被称为下岗失业人员。 （   ）
4. 中国城市居民工资变化的特点是,工资中浮动部分(津贴)的比例大幅度上升。 （   ）
5. 中国目前医疗制度以"完全公费"为主。 （   ）
6. 废除科举考试的时间是1949年。 （   ）
7. 目前中国仍然禁止国内民间资本进入教育行业,投资兴办大学。 （   ）
8. 作为传统的农业国家,古代中国的科学技术水平一直比较落后。 （   ）
9. 中国社会科学院是中国社会科学方面的最高学术机构,是全国社会科学综合研究中心。 （   ）
10. 2003年以后,政府对"公益性文化事业机构"和"经营性文化机构"不再区别对待,取消国家投入,使它们面向市场,提高生存发展的能力。 （   ）
11. 由于法律限制和语言文化差异,中国加入世界贸易组织以来,国外和境外媒体还没有能够进入中国市场。 （   ）